papermade

Marion Digel

mit Fotos
von Biggi Sauer

papermade

wohnen mit papier und karton

Raumelemente
Möbel
Leuchten
Accessoires

MOSAIK

It is only a papermoon,
flying over a cardboardscene,
but it wouldn't be makebelieve
if you believed in me....

Words: Billy Rose / E.Y. Harburg
Music: Harold Arben

INHALT

FASZINATION PAPIER

Papier ist ein wundervolles Material. Leicht wie eine Feder, biegsam wie Gras im Wind, transparent wie Blütenblätter, rein und makellos wie frisch gefallener Schnee. Man kann Gedichte darauf schreiben, kann es bemalen, zu Papierfliegern falten oder Fisch darin einwickeln. Man kann es rollen, knicken, schneiden, reißen, heften, kleben, zerstampfen, pressen und wieder aufweichen. Und man kann damit wohnen.

Dass Papier zu mehr taugt als nur zum Wände bekleben oder als Tischdeckenersatz, haben Generationen von Gestaltern eindrucksvoll bewiesen. Mit kaum einem anderen Werkstoff lassen sich so luftige und fantasievolle Gebilde kreieren wie mit dem Fliegengewicht

Papier. Und nur wenige Materialien erlauben die Konstruktion derart stabiler Gebrauchsgegenstände bei so wenig Masse.
Anmutig und leicht, originell und elegant, schlicht und einfach schön sind die Wohnträume, die internationale Designer aus Papier und Pappe entstehen lassen. Die Accessoires, Lampen, Teppiche und Möbel sind vielseitig einsetzbar, erstaunlich strapazierfähig, unkompliziert, preiswert und recyclingfähig. Und viele dieser Papier-Objekte zählen schon heute zu den Design-Klassikern.
Wie unterschiedlich „Papermades“ aussehen und sich anfühlen können, davon handelt dieses Buch. Und davon, wie man mit Produkten aus Papier und Pappe ein neues, freieres Wohngefühl schaffen kann.

SCHÖPFUNGEN AUS PAPIER

Die kurze Geschichte einer langen Tradition

links unten:
Papierschirm
aus Japan

rechts:
Bedruckter Schirm
mit klassischem
Pagoden - Motiv

Die Ursprünge der Papierherstellung reichen bis ins frühe Ägypten zurück. Das Papier, wie wir es heute kennen, haben jedoch die Chinesen erfunden. Sie schöpften um etwa hundert vor Christus die ersten Hanfbögen, die sehr viel feiner und haltbarer waren als die bis dato bekannten Papier-Vorläufer, wie sie die Ägypter hergestellt hatten. Der mit Wasser vermischte feine Papierbrei wurde mit rechteckigen Sieben abgeschöpft, gepresst und anschließend getrocknet. Das Ergebnis waren identisch große Bögen mit glatter Oberfläche, die sich nicht nur perfekt be-

schreiben und bemalen ließen, sondern schon bald zu fantasievollen Papierkreationen inspirierten.

Ersatzseide

Anfangs wurde das wertvolle Papier nur für besondere Zwecke benutzt. In Ostasien galt es als Symbol der Reinheit und wurde für religiöse Zeremonien verwendet. Die japanische Tradition, aus Papierbögen komplizierte Ornamente zu falten, um die Götter zu ehren, geht zurück bis ins 4. Jahrhundert. Diese Kunst, die wir als Origami kennen, wurde seitdem immer weiter perfektioniert. Die asiatischen Kunsthandwerker erkannten sehr schnell, dass sich aus dem wunderbaren Material auch ganz alltägliche Dinge herstellen ließen. Papier besaß ganz ähnliche Eigenschaften wie Seide, war aber viel billiger und leichter zu verarbeiten. Man konnte daraus Lampions oder Luxusgegenstände wie Fächer und Schirme fertigen, die für jedermann erschwinglich waren. Auch für die Innenraumgestaltung wurde Papier sehr geschätzt. Da man in Japan offene Wohnräume bevorzugte, brauchte man ein mobiles System von Trennwänden für die

Abgrenzung von Wohnbereichen. An der Machart dieser leichten mit Papier bespannten Paravents hat sich bis heute wenig geändert. Noch immer gelten sie als typische Elemente fernöstlicher Wohnkultur.

Entfaltung

Obwohl Jahrhunderte lang streng gehütet, drang das Geheimnis der Papierherstellung im 8. Jahrhundert bis zur arabischen Halbinsel vor. Dort erkannte man schnell, dass sich mit Papier hervorragend handeln ließ. Die arabischen Herrscher ließen große Manufakturen bauen und verkauften ihre Ware schon bald bis weit über die Reichsgrenzen hinaus. Als dank der Erfindung von Stampfwerken noch größere Mengen des begehrten Materials produziert werden konnte, blühte der Handel richtig auf. Anfang des 11. Jahrhunderts brachten die Mauren das Papiermacher-Handwerk nach Spanien, von wo aus es sich nach und nach bis in den nördlichen Teil des Kontinents ausbreitete. Die Europäer erwiesen sich bei der Papierproduktion als äußerst erfinderisch. Im 12. Jahrhundert lösten wassergetriebene Papiermühlen die maurischen Stampfwerke ab, moderne Mahlwerke und andere revolutionäre Maschinen folgten, die Rezeptur des Papierbreis wurde durch neuartige Rohstoffe und Zusatzstoffe mehr und mehr verfeinert.

links: Ornamente aus Pappmaché im Schloß Ludwigslust bei Schwerin

rechts: nach überlieferter Origamitechnik gefalteter Papierschwan

Rohmasse

In Europa verwendete man Papier erst spät für gestalterische Zwecke, denn Papier war knapp und die handgeschöpften Bögen zu kostbar, um sie für etwas anderes als zum Schreiben und Malen zu benutzen. Das änderte sich ab dem 18. Jahrhundert. Ein sehr schönes Beispiel hierfür ist Schloss Ludwigslust bei Schwerin. Aus Geldmangel ließ es sein Besitzer komplett mit Skulpturen und Ornamenten aus Pappmaché ausstatten, das aus den Altakten des Herzogtums hergestellt und kunstvoll bemalt wurde. Die „Herzogliche Cartonfabrique Ludwigslust", aus der diese perfekten Objekte der Täuschung stammten, produzierte bis ins nächste Jahrhundert hinein Dekorationsartikel aus Pappe. Auf der Weltausstellung von 1851 wurde Papiermaché dann als das zukunftweisende Material gefeiert, das alle Voraussetzungen zur Serienproduktion von Möbeln und Gebrauchsgegenständen mitbrachte: Es war billig, leicht zu verarbeiten und in beliebiger Menge verfügbar. Englische Produzenten entwickelten ein Verfahren, bei dem Papierbrei mit Kreide, Kleister und feinem Sand gemischt und in geölte Formen gepresst wurde. Die getrockneten Rohlinge wurden lackiert und mit farbiger Malerei und Verzierungen versehen. Die fein modellierten Kleinmöbel aus diesen Werkstätten gelten als Vorläufer der Wegwerfobjekte. Nur wenige Exemplare haben den Zahn der Zeit und die modischen Neuerungen der folgenden Jahrzehnte unbeschadet überstanden.

Mode-Trend

Richtig Furore in der Wohnwelt machte Papier erst in den „Roaring Twenties", als Korbmöbel in Mode kamen. Den wenigsten Menschen war bewusst, aus welchem Material diese Möbel wirklich hergestellt waren. Nach dem ersten Weltkrieg war es schwierig, Rattan aus Asien zu importieren. Als Alternative entwickelte man die „Art Fibre", eine Schnur aus ge-

drehtem Packpapier, die sich den Naturmaterialen sogar als überlegen erwies: Sie war nicht nur billiger und leichter zu beschaffen, sondern auch flexibler, formstabiler und einfacher zu verarbeiten. 1917 ließ der Amerikaner Marshall Burns Lloyd sein Herstellungsverfahren für Korbwaren patentieren: Auf seinem Webstuhl, dem „Lloyd Loom", konnte die neue „Art Fibre" zu Möbeln in großen Stü-ckzahlen verarbeitet werden. In den folgenden 20 Jahren wurden mehr als 1000 verschiedene Lloyd-Loom-Objekte über 10 Millionen mal verkauft. Sie waren bald überall zu finden, denn sie waren nicht nur perfekt verarbeitet und schön, sondern vor allem auch preiswert. So hielten die Einrichtungsgegenstände von Lloyd Loom Einzug in Ozeanriesen, Hotels, Büros und Wohnungen, bis der zweite Weltkrieg den Boom beendete.

rechts: Japanischer Pavillon auf der EXPO 2000: Papphröhren mit einer Papierhülle. Architekt: Shigeru Ban

links: Lloyd Loom Deckchairs

Konsumgut

Auch in den „Swinging Sixties" waren unkonventionelle Ideen gefragt: Papier wurde von jungen Designern wiederentdeckt, weil es dem schnelllebigen Geist der Zeit entsprach. Der „Modern Chair", des Londoner Kunststudenten Peter Murdoch war bald in jedem Kaufhaus zu haben und wurde zu der „Papp-Ikone" der sechziger Jahre. Man benutzte ihn, solange er gefiel, dann warf man ihn weg. Möbel und andere Haushaltsobjekte wurden nicht länger als Investition fürs Leben betrachtet. Sie spiegelten den Geschmack ihrer Käufer wieder, der sich immer rasanter veränderte. So machte es wenig Sinn, bei der Herstellung auf dauerhafte Materialien und solide Verarbeitung zu bestehen. Das Pappmöbelprogramm des deutschen Designers Peter Raacke, das er 1966/67 entwickelte, entsprach auch diesem Konzept. Die Möbel waren bewusst als vergängliche, austauschbare Objekte konstruiert und machten es möglich, sich immer wieder anders einzurichten, ohne sich dadurch in den finanziellen Ruin zu stürzen.

Lifestyle

Die 80-er und 90-er Jahre verwiesen die Wegwerf-Mentalität wieder in ihre Schranken. Schreckensbilder von verseuchten Flüssen, sterbenden Wäldern und wachsenden Müllbergen ließen niemanden kalt. Umweltverträgliche Produktionsweisen und schadstoffarme Materialien waren das Gebot der Stunde. Bald entwickelte sich der Einsatz von recycelbaren Alternativmaterialien oder nachwachsenden Rohstoffen zu einer Disziplin für Ingenieure und Gestalter. Man baute Autos mit Ausstattungsteilen aus Altpapier, Kindermöbel aus Verpackungsmaterial, ja sogar ganze Messestände aus Pappe, die selbst unter riesigen Besucherscharen nicht zusammenbrachen. Heute setzen junge Designer Papier & Co. viel freier und unverkrampfter für ihre Möbel- und Objektentwürfe ein. Mobilität und Flexibilität bestimmen den aktuellen Trend zu leichten und unkomplizierten Produkten, die viel Spielraum für neue Ideen und Lebensformen lassen. Schließlich weiß man nie, an welchen Ort unseres Global Village es einen als nächstes verschlägt...

ZELLSTOFFE STOFFZELLEN

Der Charakter von Papier, Pappe und Co.

Der Duden definiert Papier als „aus Fasern hergestelltes, blattartig gepresstes, zum Beschreiben, Bedrucken, zur Verpackung o. Ä. dienendes Material". Diese knappe und nüchterne Beschreibung sagt alles und nichts darüber aus, was sich hinter dem einfachen Begriff alles verbergen kann.

Die Familie der Papierprodukte ist so riesig, dass ihre einzelnen „Angehörigen" nach verschiedenen technischen Spezifikationen klassifiziert werden, um sie überhaupt fassen zu können. Papiere werden darum von der Industrie primär nach Gewicht, den verwendeten Faserrohstoffen (Hadern oder Holz) und ihrem Verwendungszweck (z.B. für Druck, Verpackung oder Hygiene) unterschieden.

Wie die einzelnen Erzeugnisse dann aber aussehen und wie sie sich anfühlen, lässt sich durch ein so sachliches System natürlich nicht erfassen. Es gibt farbige und weiße Papiere, welche mit glänzenden oder matten Oberflächen, mit und ohne Struktur, ganz feine gleichmäßige oder solche, bei denen die verwendeten Zutaten (wie z.B. Blüten oder Altpapierschnipsel) noch deutlich erkennbar sind. Es gibt dünne, dicke, stoffartige, bretttharte, grobe, zarte, transparente und opake Papiere. Und jedes einzelne von ihnen hat seinen ganz besonderen Charakter, der Gestalter immer wieder von Neuem zum Experimentieren anregt.

Da es den Rahmen dieses Buches sprengen würde, alle Sorten detailliert zu beschreiben, wird hier nur eine ganz kleine Auswahl von Papieren kurz vorgestellt, mit denen Möbel- und Objektdesigner besonders gerne arbeiten.

BÜTTENPAPIER zum Beispiel ist ein handgeschöpftes Papier, das einen ungleichmäßigen, gefransten Rand hat und mit einem Wasserzeichen versehen ist. Es ist relativ kostspielig und wird bei der Herstellung von Papierobjekten darum nur als Schmuckpapier verwendet.

Papier und Pappe präsentieren sich in den unterschiedlichsten Erscheinungsformen. Dies sind nur wenige Beispiele aus einer umfangreichen Palette

BUNTPAPIER wird wegen seiner glänzend bedruckten, farbigen Oberfläche gerne für Bastelarbeiten verwendet. Zum Kleben wird die gummierte Unterseite befeuchtet und kann ohne zusätzlichen Kleister verarbeitet werden.

Das INGRESPAPIER wurde nach dem französischen Klassizismus-Maler Ingres benannt, der viele seiner Studien auf einem solchen Papier anfertigte. Es ist dezent gefärbt und wird hauptsächlich für Kohle- und Kreidezeichnungen verwendet.

Bei LEINENPAPIER wird eine stoffähnliche Struktur auf ein holzfreies Trägerpapier geprägt. Zum Verkleben eignet es sich nur sehr bedingt.

PACKPAPIER ist ein festes und robustes Papier, das, wie der Name schon sagt, zum Verpacken dient. Da es normalerweise nicht gebleicht oder gefärbt wird, ist es in verschiedenen Brauntönen zu haben.

PAPPE wird aus grobem Papierbrei oder durch das „Pappen" mehrerer Schichten Papier produziert. Um WELLPAPPE zu erzeugen, werden zwei oder mehrere Pappschichten miteinander verklebt, von denen mindestens eine wellenförmig aufgeworfen ist.

PERGAMENT- oder TRANSPARENTPAPIER dient in der Arbeitspraxis als Hilfsmittel zur Erstellung von Bauplänen und anderen Zeichnungen, die in Durchzeichnentechnik angelegt werden. Im Haushalt wird es wegen seiner fettabweisenden Eigenschaften gerne als „Butterbrotpapier" verwendet.

REISPAPIER, das auch als JAPAN- oder CHINAPAPIER bekannt ist, wurde früher aus Reisstroh hergestellt. Das handgeschöpfte Papier mit der schönen Seidenoptik ist besonders haltbar und reißfest.

RECYCLINGPAPIERE werden aus bis zu 100 % Altpapieranteilen hergestellt. Mit Hilfe moderner, umweltschonender Produktionsverfahren können sie mittlerweile auch ohne Bleichmittel so weit aufgehellt werden, dass sie sich von neuen Papieren kaum noch unterscheiden.

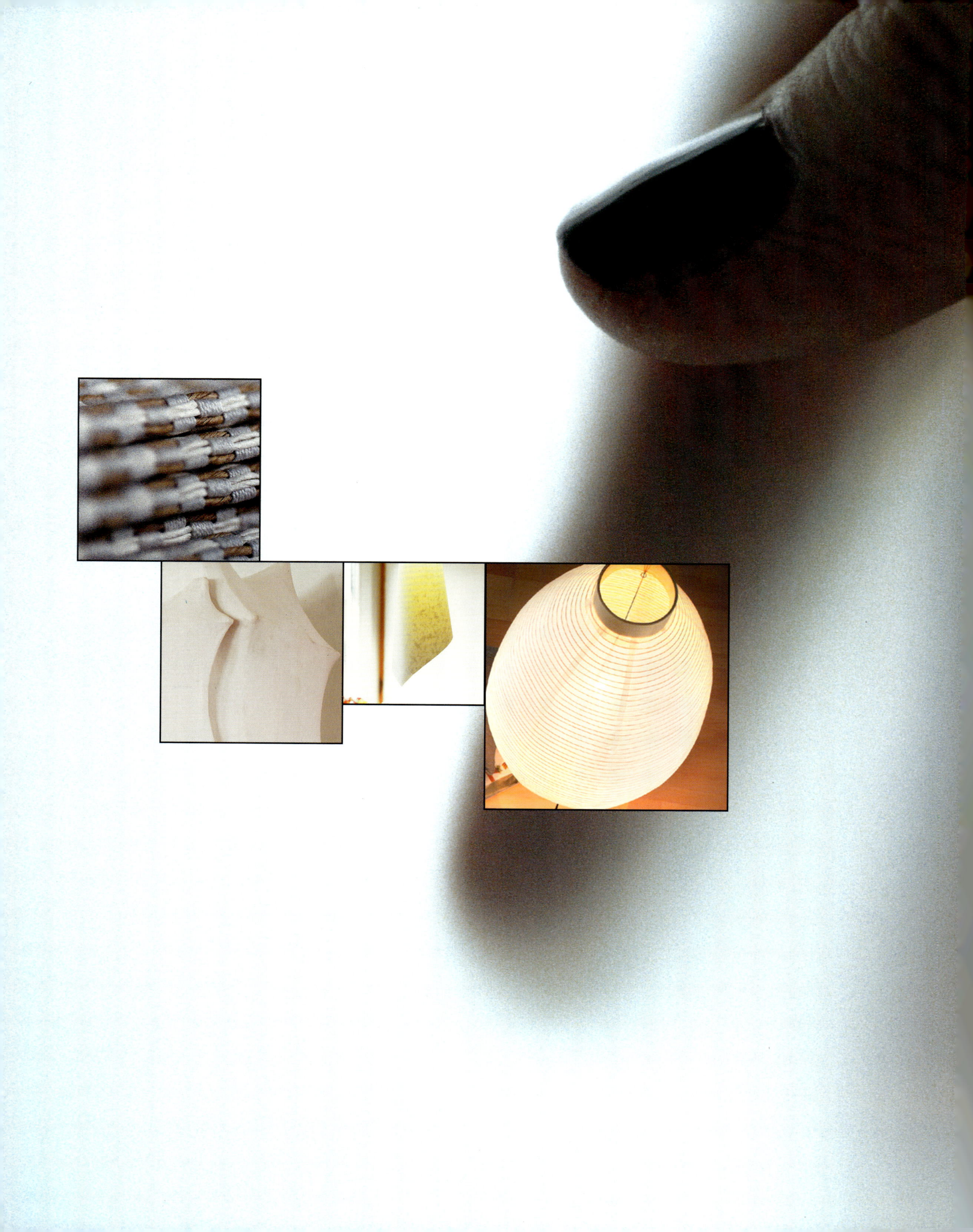

**Licht, Leuchten
und die Leichtigkeit
des Seins**

LIGHT LIGHT

Völlig schwerelos – so wirken all jene filigran gearbeiteten Papierobjekte, die sich die Leichtigkeit und Transparenz ihres Ausgangsmaterials zunutze machen. Dabei müssen sie nicht einmal unbedingt in luftiger Höhe schweben. Dass sie trotzdem aussehen, als könnten sie von ganz alleine fliegen, verdanken sie ihrer besonderen Konstruktion, die an Gewicht spart, wo sie nur kann.

Einige der auf den folgenden Seiten vorgestellten Lampen und Möbel sind nach dem gleichen Prinzip entstanden wie Zeppeline und andere Flugkörper, mit denen der Mensch schon seit vielen Jahren experimentiert. Bei dieser so genannten Spantenbauweise wird zunächst ein Gerüst aus extrem leichten Holz- oder Metallstäben – den Spanten – hergestellt. Über diese Trägerkonstruktion wird dann Papier gezogen, das je nach Dichte und Farbigkeit den fertigen Raumkörpern eine ganz eigene Ästhetik verleiht.

Auch für leichtere Objekte werden Stäbchen oder auch Drähte zur Verstärkung des verwendeten Papiers genutzt. Mit Hilfe dieser Technik lassen sich leichtgewichtige Leuchten, Rollos und Raumtrenner herstellen, die beweglich und stabil zugleich sind und nichts mehr von der Schwere eines traditionellen Lüsters haben.

Reizvolle Beispiele für diese papierne Lampenkunst sind die Leuchten des Designunternehmens idl, die im Gegensatz zu vielen anderen Papierlampen nicht handgefertigt, sondern maschinell hergestellt werden. Dies tut der Individualität der wunderschönen Leuchtobjekte, die mit vollkommender Leichtigkeit im Raum schweben, jedoch keinerlei Abbruch. Sie sehen aus, als hätten sie den Gesetzen der Schwerkraft ein Schnippchen geschlagen und sich von materiellem Ballast und physikalischen Sachzwängen befreit. Diese Eigenschaft verdanken sie einem denkbar simplen und genau darum so raffinierten Konstruktionsprinzip: die anmutigen Lampen entstehen durch einfaches Aufrollen eines quadratischen Stück Papiers. Um die zarten Gebilde nicht unnötig zu beschweren, wird der Aufhängemechanismus auf ein Minimum beschränkt. Eines der Modelle kommt mit einer einzigen Öse und einem hauchdünnen Aufhängedraht aus, mit dem es an die Decke gepinnt wird. Aber auch die drahtverstärkten Varianten der Kollektion bringen kaum mehr Gewicht auf die Waage als ihre puritanischen Pendants. Ein extra schlankes Kabel, das idl passend zu den ultraleichten Schirmen gleich mitliefert, komplettiert diese modernen Tütenlampen, die mit ihren Vorläufern aus den 50-er Jahren erfreulich wenig gemeinsam haben und eine ganz besondere Lichtatmosphäre in ihre Räume zaubern.

Ideal für Nischen und andere Licht-Engpässe: die schlanken Tütenlampen von idl

Licht in Tüten

Leuchten aus Japanpapier fanden in den 70-er Jahren den Weg in die westliche Wohnwelt. In ihrer Heimat Asien verwendete man sie ursprünglich als Lampions für die traditionellen Umzüge zum chinesischen Neujahr und andere Festlichkeiten.

In Europa und Amerika wurden sie wegen ihrer schlichten Form und ihres niedrigen Preises besonders bei jungen Leuten und Studenten schnell beliebt. Als Hängelampen oder Stehleuchten strahlen die puristischen Lichtobjekte ein dezent fernöstliches Flair aus, dem auch „Weststaatler" leicht erliegen. Durch die Zen-Welle und den „back to the seventies" Trend der letzten Jahre sind diese Lampenschirme heute wieder topaktuell.

Leuchtkörper aus Reispapier wie diese von Ikea schaffen ein entspannendes Lichtambiente

Licht von Osten

Leuchten aus Papier findet man heute in Designläden und im Leuchtenfachhandel von vielen namhaften Designern und Herstellern in den unterschied-lichsten Formen und Ausführungen. Leider allzuoft zu astronomischen Preisen.

Doch eine stimmungsvolle Beleuchtung muss nicht unbedingt ein Vermögen kosten. So proklamiert IKEA: „Für jeden Raum eine passende und preiswerte Leuchte!" – und nimmt nach diesem Grundsatz seit den 70-er Jahren Lampen aus Papier immer wieder konsequent in sein Programm auf. Dass es nicht immer nur der übliche Ballon sein muss, zeigen die neuen Papierleuchten-Varianten des schwedischen Einrichtungshauses: Seine quaderförmigen und zylindrischen Modelle wirken sehr geradlinig und harmonieren bestens mit dem aktuellen Wohnstil. Ganz ohne stützendes Mittelgerüst präsentieren sie sich glatt oder mit einer feinen Fältelung, die für besonders schöne Lichteffekte sorgt.

Doch wer es noch preiswerter möchte, der kann sich mit etwas Geschick auch selbst eine Papierleuchte bauen. Die Anleitung dazu finden Sie auf Seite 31.

Auch für wenig Geld zu haben: die Papierleuchten von IKEA im ungewohnten Design

Schönes Licht, kleiner Preis

Verwobene Räume

Auf ungewohntes Terrain hat sich das Teppich-Art-Team mit seinem „Trans-Paravent" begeben. Das ausgefallene Wohnobjekt kommt als leichtfüßiger Raumteiler daher, der flexibel in der Höhe verstellt werden kann.

Seinen Charakter bestimmt ein kunstvoll gewirktes Papiergewebe, das wie ein Transparent von vier Metallmasten über dem Boden gehalten wird. Die besondere Optik verdankt der Stoff einer Kombination von Papierschnur und Paraffinseide, die mit Kartonröhrchen auf einer Leinenkette verwoben wurden. Als Variante zur Papierschnur sorgt Zelluloid durch seine Transparenz und Reflektionsfähigkeit für ein schillerndes Lichtspiel.

Schillerndes Material: Gewebe aus Leinen und Zelluloid

Kreativität und Handwerkskunst in Perfektion: der Raumteiler vom Teppich-Art-Team

Das reizvolle Spiel von Licht und Schatten, der Wechsel von halbdurchsichtigen und soliden Bauelementen und der Gegensatz von Spannung und Verletzlichkeit macht aus eigentlich ganz banalen Einrichtungsgegenständen fragile Skulpturen, die jedes Zimmer auf magische Weise verändern. Oft wecken die zarten Papierkonstruktionen unwillkürlich Assoziationen mit der Welt der Insekten, denn sie erinnern an hauchdünne Flügel, durchscheinende Waben oder überdimensionale Gespinste, die einen geheimnisvollen Inhalt schützen.

Und so ist man denn auch kein bisschen erstaunt, wenn man den Namen des Paradestücks des Designers Wolfgang Siegel hört: Der „Cocoon"-Schrank sieht ganz genau so aus, wie er heißt. Und obwohl er recht voluminös ist, empfindet man ihn unwillkürlich als sehr anmutig und leicht. Die Oberfläche des Möbel-Kokons wird durch die feine Zeichnung des aufkaschierten Papiers strukturiert und macht fast den Eindruck von Haut, die sich über ein Knochengerüst spannt. Das „Gerippe" von Cocoon und sein Innenleben aus mehreren Einlegeböden besteht aus einer Konstruktion von Holzstangen und Sperrholz; als „Haut" ist ein feiner Nesselstoff darüber gezogen. Um aus dem Ganzen eine staubdichte Angelegenheit zu machen, ist der Nessel mit holzfreiem Papier beklebt, das nach alter Buchmachertradition mit einer Stärkelösung präpariert wurde.

Verständlich, dass jeder „Cocoon"-Schrank ein Unikat ist: Die extrem aufwändige Produktion bringt es mit sich, dass jedes Stück von Hand gefertigt werden muss. Doch das kommt dem Anspruch seines Schöpfers Wolfgang Siegel nur entgegen. Schließlich möchte er Dinge entwerfen, die nicht nur nützlich sind, sondern auch Freude machen. Und das tun seine Schrankskulpturen ohne jeden Zweifel.

Anmutig und leichtfüßig: Der Schrank von Wolfgang Siegel verhüllt sein Innenleben auf ungewohnte Art

Schrank-Gespinst aus Papier

Diskrete Lichtfänger

Mehr als nur bloßer Sichtschutz sind die Papierrollos der Firma Woodnotes. Mit ihrem leichten, natürlichen Look sind sie vielmehr eine sehr attraktive Fensterdekoration, mit der man die jeweilige Lichtstimmung eines Raumes nach Lust und Laune verändern kann.

So kann man ein Zimmer vor intensiver Sonne schützen, in weiches Dämmerlicht tauchen oder aber komplett verdunkeln – durch die feste und dichte Verwebung der verwendeten Papierschnüre lässt sich die Helligkeit sozusagen stufenlos regulieren.

Als Ausgangsfaser für die edlen Licht-Dimmer nimmt Woodnotes eine Industrie-Papierkordel, die sehr haltbar ist und ursprünglich zur Isolierung von Elektrokabeln eingesetzt wurde. Zur Verarbeitung dieses Materials hat das finnische Unternehmen nach langjährigem Experimentieren ein Verfahren entwickelt, mit dem eng gewirkte, homogene Stoffe produziert werden können, die auch hohe Beanspruchungen spielend überstehen.

Da die Bahnen nicht nur in Normgrößen angeboten werden, kann man die Rollos auch auf Maß bestellen: Bis zu einer Breite von 1,80 m ist fast jede Länge möglich. Die angebotenen Basisfarben für die Stoffe – Natur, Schwarz und Weiß – gibt es pur oder in jeder gewünschten Kombination.

Die Konstruktion der Jalousien ist ebenso einfach wie wirkungsvoll: Durch die natürliche Steifigkeit des Materials kann auf Stützelemente wie Bambusstäbe ganz verzichtet werden. Die gewünschte Höhe wird mit dem unsichtbaren Zugsystem eingestellt, das den Stoff genau an den richtigen Stellen in Falten legt.

Durch ihre perfekte Verarbeitung falten sich die Rollos von Woodnotes ganz ohne lästige „Verwicklungen" sauber zusammen

Spiel mit Licht und Schatten – die Papierrollos von Woodnotes

Leuchtendes
Vorbild

SIE BRAUCHEN:

einen Bogen gelochtes Modellbaupapier (s. Bezugsquellennachweis)

ca. 50 cm x 50 cm weißen Karton, Stärke 2 - 3 mm

eine Lampenfassung und eine 60 V Klarglasglühbirne vom Baumarkt

ein Stück Kabel (Länge nach Belieben) und einen Stecker vom Baumarkt

einen Bürolocher
ein Lineal

4 Briefumschlagklammern (Bürobedarf)

ein Cutter-Messer und eine Schneideunterlage (ein Stück Graupappe tut's auch)

einen Zirkel

einen Phasenprüfer

Und so geht's:

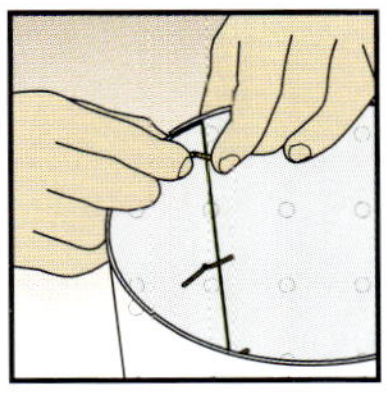

1 Lampenschirm: Schneiden Sie das Lochpapier mit dem Cutter-Messer und einem Lineal auf das Maß H = 30 cm x B = 50 cm zu. Lochen Sie die kurzen Kanten mit dem Bürolocher in gleichmäßigen Abständen von oben. Rollen Sie das Papier zu einem Zylinder und schließen Sie ihn mit Hilfe der Briefumschlagsklammern.

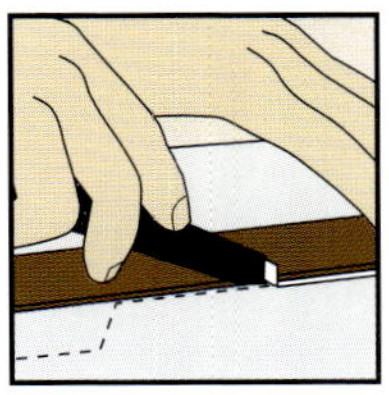

2 Fußkreuz: Zeichnen Sie die Schnitte 1+2 auf weißen Karton (am Kopierer 475% vergrößert, erhalten Sie die Originalgröße). Nun schneiden Sie den Umriss und die Schlitze mit dem Cutter entlang eines Lineals aus. Stecken Sie die Teile an den mittleren Schlitzen ineinander.

3 Zeichnen Sie mit Ihrem Zirkel die beiden Kreise wie in Schnitt 3 gezeigt ebenfalls auf weißen Karton. Schneiden Sie anschließend den so entstandenen Ring vorsichtig mit dem Cutter aus.

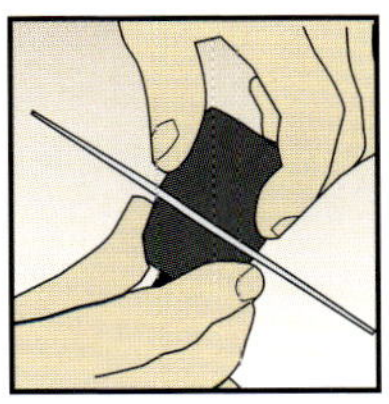

4 Schrauben Sie mit dem Phasenprüfer die Lampenfassung auf und lockern Sie die Schrauben für die Kabelenden. Nehmen Sie den Cutter oder eine Spezialzange und entfernen Sie die Isolierung der Kabelenden. Stecken Sie die Kabelenden zwischen die Schräubchen, das gelbgrüne Erdungskabel in die Mitte, braun und blau nach außen. Ziehen Sie die Schräubchen mit dem Phasenprüfer fest, bis die Kabelenden fest sitzen. Schrauben Sie den Pappring zwischen die Fassungsteile und schrauben Sie die Glühbirne in die Fassung.

5 Schneiden Sie nun das Kabel auf die gewünschte Länge. Entfernen Sie die Isolierung an den Enden (Ungefähr 2 cm der äußeren Isolierung und ca. 5 mm an den inneren Drähten). Schrauben Sie den Stecker auf und befestigen Sie die Kabelenden an die dafür vorgesehenen Schrauben. Befestigen Sie das Kabel im Stecker, indem Sie es mit der dafür vorgesehenen Schelle fixieren. Schließen Sie den Stecker und schrauben Sie ihn zu. Nun testen Sie die Leuchte.

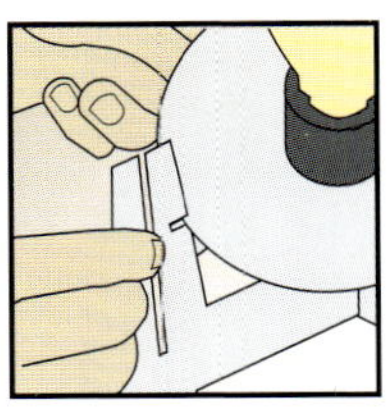

6 Nachdem Sie die Leuchte wieder ausgesteckt haben, befestigen Sie den Pappring mit der Fassung in dem Fußkreuz in den horizontalen Schlitzen. Zuletzt stülpen Sie den Lampenschirm über die senkrechten Schlitze in dem Fußkreuz – voilà, fertig ist Ihre Leuchte!

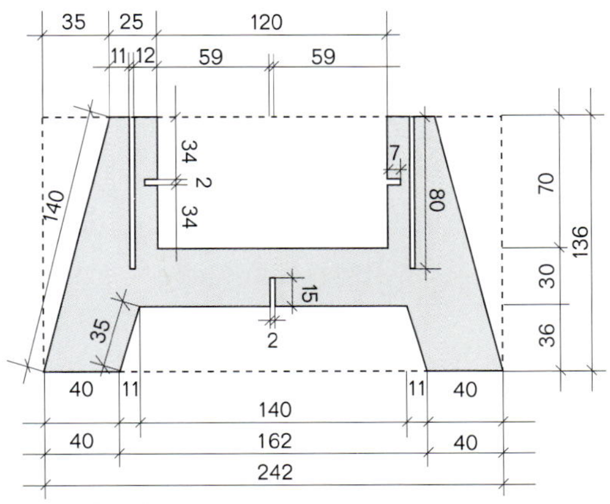

alle Angaben in mm

SCHNITT 1

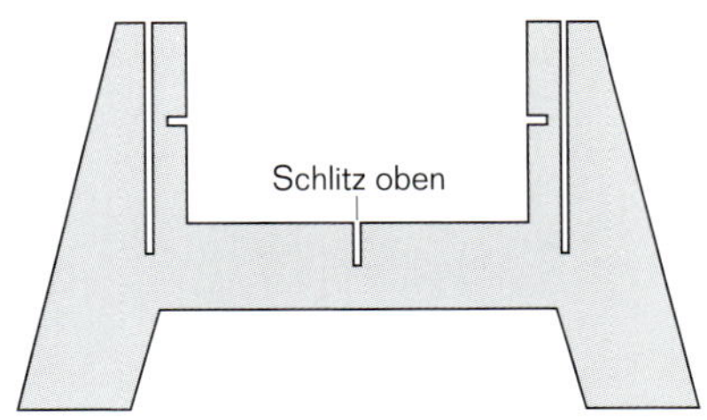

SCHNITT 2

SCHNITT 3

Robuste Möbel
zum Recyceln,
gestaltet für
die Ewigkeit

HART WIE PAPIER

Räumliches Vorstellungsvermögen und ein gewisses Maß an Geschicklichkeit sind die unabdingbaren Grundvoraussetzungen, wenn man aus einem planen Material wie Papier oder Wellpappe dreidimensionale Gegenstände bauen will. Wenn diese dann so stabil werden sollen, dass man sie zum Sitzen, Liegen oder Vollpacken nutzen kann, ist außerdem eine perfekte Falztechnik gefragt. Ohne sie würde es den fertigen Stücken nämlich garantiert am nötigen Standvermögen fehlen.

Besonders wichtig für den Entwurf von Pappobjekten ist es, die Eigenschaften des verwendeten Materials ganz genau zu kennen. Wer qualitativ hochwertige Stücke herstellen möchte, bei denen Leichtigkeit und Stabilität sich optimal die Waage halten, muss die einzelnen Gestaltungskomponenten sehr sorgfältig aufeinander abstimmen.

Welche Art von Pappe wofür und in welcher Form eingesetzt werden kann, ergibt sich aus einer ganzen Reihe physikalischer, ökonomischer und praktischer Anforderungen. Wie das fertige Objekt dann allerdings aussieht, entscheidet allein der Erfindungsreichtum und Background seines Designers. Je nach individuellen Vorlieben und handwerklichen Voraussetzungen entstehen charaktervolle Kreationen, deren Formenvielfalt und technische Cleverness immer wieder von neuem überraschen. In oft langjähriger Bastel- und Experimentierarbeit reifen sehr persönliche Gestaltungstechniken, die den Objekten ihr ganz eigenes Gesicht verleihen. Von streng formalistisch bis ironisch-verspielt sind bei der breiten Palette von strapazierfähigen Pappmöbeln so ziemlich alle Stilrichtungen vertreten.

Die Lust am freien Gestalten mit Papier hat in der modernen Designwelt eine verhältnismäßig lange Tradition. Schon in den 60-er Jahren gab es die erste Welle von Pappmöbelentwürfen, die vom popbesessenen Großbritannien auf das Festland schwappte. Dort griff man die Idee von den bunten Wegwerfmöbeln mal mit, mal ohne gesellschaftskritischen Anspruch auf und kreierte ganze Möbelserien im zeitgemäßen Anti-Design. Die zweite Welle kam in den problembewussten 80-er Jahren auf. Unscheinbare Materialien, die bis dato ein Aschenputteldasein als Wegwerfprodukte gefristet hatten, wurden plötzlich ins Licht der Öffentlichkeit gerückt. Ihre Kardinaltugenden „Umweltverträglichkeit“ und „Recyclingfähigkeit“ verhalfen Papier und Pappe zu ihrem zweiten großen Auftritt in der Geschichte moderner Produktgestaltung.

Die dritte Generation von Pappdesignern folgt einer neuen Lifestyle-Philosophie. Kompakt, mobil und ruck-zuck aufzubauen sind die Möbel für die Großstadtnomaden des neuen Jahrtausends. Der leichtgewichtige Faltstuhl von Ludger Doll bringt alle Voraussetzungen mit, um sich einen festen Platz in umzugsfreudigen Haushalten der Neuzeit zu sichern. Seine unaufdringliche Form harmoniert bestens mit den klaren Linien, die der aktuelle Seventies-Trend favorisiert, und mit einem Griff ist der Doll-Stuhl ganz ohne Muskelkraft und Umstände an Besprechungstische und Dinnertables gestellt oder in den Möbelwagen gepackt.

Elegant in der Form, federleicht und superstabil – so passt der Stuhl von Doll Design an jeden Tisch

Stuhl mit Henkel

Hochstapler mit tragender Funktion

Dass man Wein am besten liegend aufbewahrt, weiß eigentlich jeder, der sich für gutes Essen und Trinken interessiert. Leider ist das in den meisten Haushalten aber leichter gesagt als getan. Kaum jemand hat den nötigen Platz und das nötige Kleingeld, sich einen perfekt ausgestatteten Weinkeller einzurichten. Und meist sind die Flaschen, die man verstauen möchte, auch eher zum baldigen Genuss bestimmt als zum jahrelangen Lagern. Wohin also mit der Kiste Wein, die man aus dem Urlaub mitgebracht oder als Sonderposten in der Vinothek erstanden hat?

Eine drei-lagige Wellpappe garantiert die Stabilität der Flaschenauflage

Die faltbaren Flaschenregalelemente von Doll Design bieten dafür eine clevere und preiswerte Lösung. Flach zusammengelegt kann man sie auch ohne Auto bequem nach Hause bringen. Dort baut man sie dann direkt an Ort und Stelle mit wenigen Handgriffen zusammen. Bis zu sechs Flaschen finden in den stapelbaren Modulen Platz. Mit ihrem schlichten und ansprechenden Design müssen sie sich gewiss in keiner dunklen Ecke verstecken. Wenn man sie nicht mehr braucht (weil die guten Tropfen ausgetrunken sind) klappt man sie bis zum nächsten Großeinkauf ganz einfach wieder zusammen.

Schöner Blickfang in Küche und Esszimmer: die stapelbaren Flaschenregale aus beschichteter Wellpappe von Doll Design

Ein spartanisches Bett aus 7 mm starker dreischichtiger Wellpappe, das jeden Betrachter unwillkürlich an ein Kartenhaus oder den Blasebalg eines Akkordeons denken lässt, ist das Vorzeigemodell der Schweizer Designer-Gruppe it.

Das unkonventionelle Möbelstück ist in ausgezogenem Zustand lässige 25 cm hoch und wahlweise mit Futon oder einer traditionellen Matratze in allen gängigen Größen von 90 bis 160 cm erhältlich.

Seine eigenwillige Form, die sich aus einer ganz gewöhnlichen Zickzack-Faltung ergibt, wird durch zwei Bänder stabilisiert, welche längs durch den gesamten Unterbau verlaufen. Normale Matratzen werden einfach aufgelegt, für Futons gibt es eine ebenfalls faltbare Auflage aus Karton. Das Pappbett lässt sich zu einem handlichen Stapel zusammenschieben und ist so ideal als Gästebett oder für Leute, die öfter mal umziehen.

Sogar mit Futonauflage lässt sich das Faltbett von it so klein machen, dass es überall einen Platz findet, wenn es nicht gebraucht wird

zieh und schlaf

Jede Menge Platz für Veränderungen
bietet das Pappbett von Stange Design.
Die Elemente für den Anbau kann man
nachträglich anstecken

Das verbreite(r)te Bett

Beinahe Kultstatus genießt das Pappbett der Berliner Firma Stange Design. Seit es in den 80-er Jahren auf den Markt kam, hat es besonders bei preisbewussten Käufern begeisterte Abnehmer gefunden. Durch sein raffiniertes Stecksystem kann das Schlafmöbel nach Bedarf von 140 cm bis auf 180 cm vergrößert werden. Wie die meisten Stange-Produkte ist es aus Wellpappe. Der rustikale Werkstoff nimmt auch festere Knüffe nicht so leicht übel und erweist sich in Härtetests als ausgesprochen leistungsfähig: Bis zu 10 Menschen können auf dem Stange-Bett stehen, ohne dass es nennenswerte Schäden davonträgt. Und einige seiner Besitzer schlafen bereits seit fast 20 Jahren in ihrem Traumbett aus Karton.

Papp-Wellen zum Sitzen

Hocker aus Wellpappe werden nicht nur als preiswerte Sitzgelegenheiten für Feste, Versammlungen und andere Groß-Events gerne genommen. Auch im ganz normalen Wohnalltag finden diese robusten und unkomplizierten Vielzweck-Möbel immer mehr Freunde.
Der „Klassiker“ unter den Papphockern wurde 1979 von Hans-Peter Stange als Studentenarbeit entwickelt. Er besteht aus nur zwei Bauteilen, die sich ganz einfach falten und zusammenstecken lassen. Durch seine achteckige Form ist das Stange-Modell besonders stabil, gut stapelbar und dabei ausgesprochen bequem. Die Oberflächen gibt es wahlweise in Natur, schwarz beschichtet oder strukturiert. Das Konzept dieses ungewöhnlichen Möbelstücks überzeugte auch die Organisatoren des evangelischen Kirchentags, die Stange seinen ersten Großauftrag bescherten. Ihre Veranstaltung machte den Hocker dann so bekannt, dass der Jungunternehmer die Nachfrage nicht mehr in Eigenregie bewältigen konnte und die Firma Zewa mit der Serienproduktion beauftragte. Heute bietet Stange Design eine ganze Kollektion von pfiffigen – und bezahlbaren – Papp-Möbeln an, die nicht für's Leben, sondern zum Leben gemacht sind.

Die Hocker von Stange Design sind praktische Helfer, die jeder Situation gewachsen sind

Die Möbelkollektion von Angela Wiegand und Johannes Fichter zeigt, dass Wellpappe nicht immer nur beige und schlicht sein muss.
Aus roher handelsüblicher Wellpappe besteht nur die Basisausführung ihrer „Tischfamilie", zu der ein Stehtisch, ein niedriger Couchtisch und eine Sitzbank gehören. In zahlreichen Modellvarianten, die in Kleinserien hergestellt werden, zeigt das Designerteam dann, was man daraus – übrigens auch in Eigenregie – so alles machen kann.
So entstehen je nach verwendeter Technik Objekte mit völlig unterschiedlichem Charakter, die unsere klassische Tischkultur völlig neu interpretieren.

Couchtisch von Wiegand/Fichter **im Landhaus-Stil mit aufgewalztem Ornament aus Dispersionsfarbe**

Muster ohne Grenzen

Edelholz von Pappe

Die Regalwand des Mailänder Designers Marco Giunta zeigt, wie perfekt Möbel aus Papier sein können. Sein sorgfältig gearbeitetes Aufbewahrungssystem wirkt nicht nur beim ersten Hinsehen ausgesprochen wertvoll, sondern hält auch kritischen Blicken problemlos stand.
Durch seine geschickt ausgeklügelte Konstruktion ist das Kartonobjekt genauso stabil und tragfähig wie ein Regal aus Holz. Nur seine Oberflächen reagieren etwas empfindlicher auf Schläge, was aber spätestens dann keine Rolle mehr spielt, wenn die Fächer bis in die letzte Ecke mit Büchern vollgestopft sind. Wer fürchtet, dass sich in diesem kritischen Stadium die Nachteile des Bauma-terials zeigen, wird schnell eines Besseren belehrt: Auch bei extremer Belastung geben die Regalböden kein bisschen nach. Das Möbelsystem besteht aus gut proportionierten Einzelelementen, die in maximal 10 identische oder aber in individuell aufgeteilte Fächer gegliedert werden können. Wem das Regal in seiner reinen Form zu schlicht ist, kann es mit farbigen Fronten, Schubladen, Schrägablagen und maßgearbeiteten Schubern variieren und so das perfekte Ordnungssystem für jeden Zweck und jedes Ambiente gestalten.

Klares Design, sinnvolles System: Das Regalsystem von Marco Giunta bringt Ordnung ins Haus

Widerstand sinnvoll

Wie stabil und robust Pappe sein kann, beweist Marco Giunta auch mit seinem Stuhl „Sedia“ aus seiner neuen Disegni Kollektion. Als Material verwendet er zweifache Wellpappe, die er teilweise mit farbiger Folie kaschiert. Der Bausatz für das Sitzmöbel besteht aus nur vier Einzelteilen und lässt sich schnell und einfach zusammenstecken. Giunta nutzt besonders geschickt die unterschiedlichen Belastungseigenschaften seines Werkstoffs. Als tragende Elemente setzt er zwei Seitenteile ein, die wie der Schattenriss eines Stuhls im Profil geformt sind. Sie stehen senkrecht zur Belastungsrichtung und nutzen so die „starke“ Seite der Wellpappe als Rückgrat. Die Sitzfläche sowie die Verkleidungsteile profitieren von den federnden Eigenschaften des Werkstoffs und umspannen das Grundgerüst wie ein Sesselbezug. Das fertige Objekt ist ein kompakter, geschlossener Stuhl, der trotz seines etwas gedrungenen Aussehens sehr leicht und mit vielen Einrichtungsstilen gut kombinierbar ist.

Durch seine clevere Konstruktion kommt Marco Giuntas **„Sedia“ ganz ohne Faltverstärkung aus**

Papp-Akrobatik

Mäßig geneigt: eine von vielen Kombinationsmöglichkeiten des Regalsystems „Juggle“ von Magis

Das Regalsystem von Magis wirbelt Formen und Materialien geschickt durcheinander, denn „Juggle" jongliert mit Karton und Plastik, Quadrat und Raute. Der Spritzgussrahmen der Regalmodule besteht aus Kunststoff. In seine Öffnung werden leicht geneigte Container-Elemente aus Wellpappe eingeschoben. Da man die Kuben mit dem schrägen Innenleben frei drehen kann, entstehen durch die Kombination mehrerer Systemeinheiten reizvolle Muster, die das Regal schwungvoll und lebendig aussehen lassen.

Waben zum Stecken

Ein komplettes Bürosystem aus Pappe, das ganz ohne fummelige Bastelarbeiten einfach zusammengesteckt wird, hat der Berliner Gestalter Matthias Lengner entworfen. Wabenpappe heißt das Material, dem er sein zeitsparendes Aufbausystem verdankt. Diese Kartonart ist durch ihre besondere Struktur in sich schon so standfest, dass sie ohne verstärkende Knick- oder Falttechniken für tragende Elemente eingesetzt werden kann. Und sie besitzt eine so ansprechende Ästhetik, dass Lengner die Kanten seiner Steckteile konsequent offen lässt, um den Blick auf ihr interessantes Innenleben frei zu halten. Lediglich die Oberflächen seines praktischen „LAGER-REGALS" sind mit feinem Karton kaschiert und lackiert, um sie unempfindlicher für den täglichen Einsatz im Arbeitsleben zu machen. Nach einem ähnlichen Prinzip funktioniert ein dreidimensionales Stecksystem des Künstlers. Wie viele freie Raumobjekte sich damit gestalten lassen, kann man mit Hilfe eines mitgelieferten Miniaturmodells in aller Ruhe ausprobieren. Spätestens beim eigenen Experimentieren mit Form und Raum wird klar, wie geschickt Lengner die Grenzen zwischen Kunst- und Gebrauchsgut verwischt.

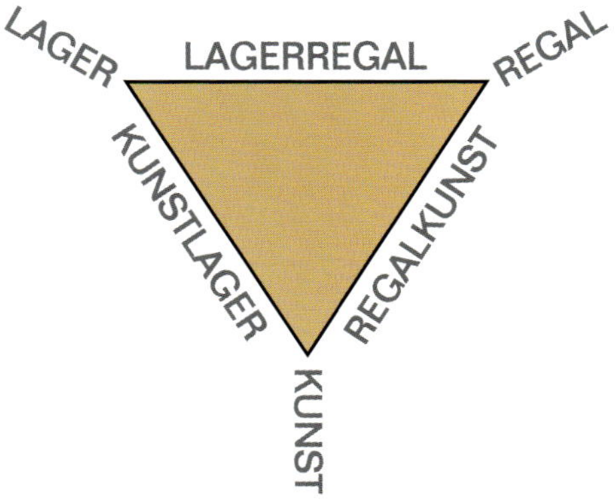

Mit dem Stecksystem von Matthias Lengner sind der Gestaltung zweckmäßiger Arbeitsplätze keine (räumlichen) Grenzen gesetzt

Simple chic mit Knick

SIE BRAUCHEN:

ein Stück
einfach gewellte Pappe
(44 cm x 125 cm)

einen Bleistift

ein langes Lineal

ein Cutter-Messer und
eine Schneideunterlage
(ein Stück Graupappe
tut's auch)

Leim oder ein
Papierkraftkleber

einen Pinsel

zwei Kordeln
oder dicke Schnüre
je 42 cm lang

Und so geht's:

1 Zeichnen Sie den Grundriss des Zeitungsständers mit Bleistift und Lineal auf die Pappe auf. Sie können auch die Schnittzeichnung zehnfach auf dem Kopierer vergrößern, um den Schnitt auf die Pappe zu übertragen.

2 Schneiden Sie mit dem Cutter-Messer und dem Lineal die Schnittkanten aus. Die Falzlinien ritzen Sie nur leicht ein, damit diese nachher sauber geknickt werden können (Achtung, achten Sie darauf, ob von vorne oder von der Rückseite angeritzt wird!).

3 Nun knicken Sie alle Falzkanten jeweils nach innen und nach außen wie am Grundriss dargestellt.

4 Mit dem Pinsel bestreichen Sie die im Grundriss markierten großen Klebeflächen mit Leim. Stellen Sie den Zeitungsständer richtig auf und pressen Sie die nun aufeinanderliegenden Flächen aneinander.

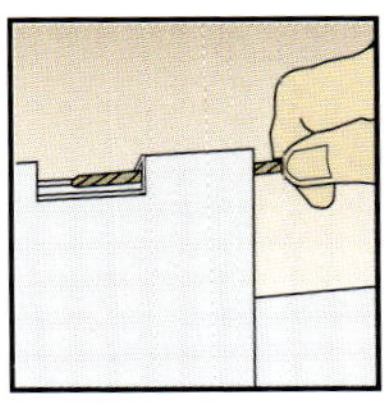

5 Nun bestreichen Sie die kleinen Klebeflächen mit Leim. Fädeln Sie die Kordeln ein, so dass Schlaufen in der Mitte entstehen, und pressen Sie die Kordelenden an die Klebefächen. Sobald der Leim getrocknet ist, ist Ihr Zeitungsständer fertig!

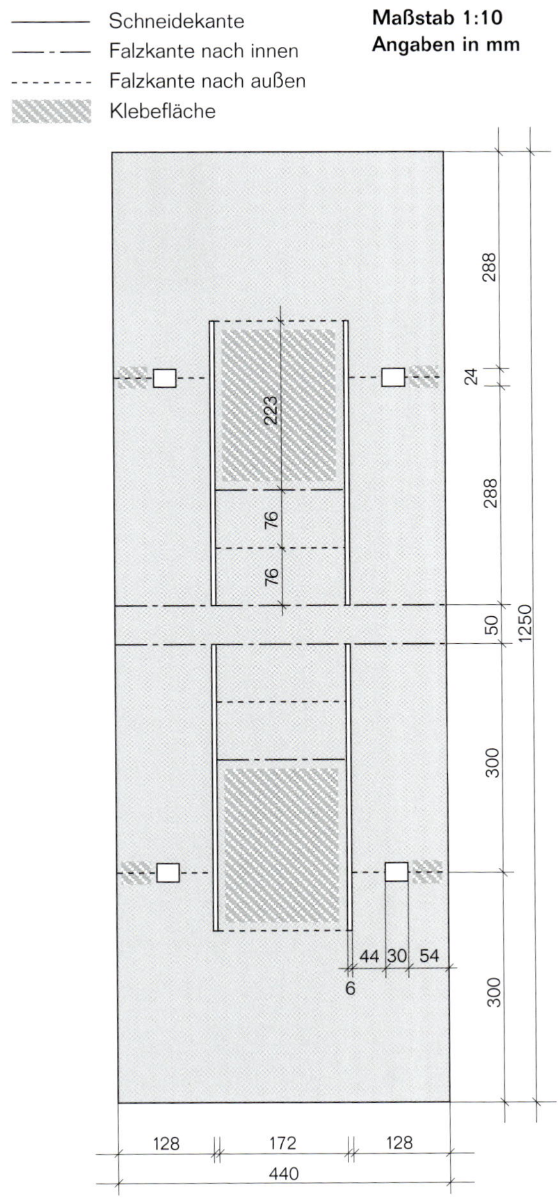

DER RICHTIGE KNIFF

**Wie aus Flächen
Räume entstehen**

Papier und Pappe sind Materialien, die bekanntlich sehr leicht reißen. Erst, wenn man sie an den richtigen Stellen knickt und steckt, werden sie so belastbar, dass man im Extremfall sogar hart beanspruchte Europaletten daraus machen kann.

Besonders kniffelig ist die Falttechnik für dreidimensionale Objekte aus Wellpappe. Hier entscheiden viele unterschiedliche Kriterien darüber, ob das fertige Stück seinen Zweck erfüllt oder nicht.

Zunächst muss man den Wellentyp finden, der zu dem geplanten Teil passt. Als Faustregel gilt hier: je voluminöser und strapazierfähiger das Teil, desto vielschichtiger die Pappe. Pappe mit Microwellung ist nur einseitig mit einer Deckschicht fixiert und kommt ausschließlich für sehr fragile Konstruktionen in Frage. Einfache Wellpappe hat Deckschichten auf beiden Seiten und eignet sich für Objekte, die wenig strapaziert werden. Die zwei- und die dreifache Wellpappen haben eine bzw. zwei verstärkende Mittellagen und werden wegen ihrer Robustheit gerne zur Herstellung von Möbeln genommen.

Auch die Richtung der Welle muss bei der Planung berücksichtigt werden. Setzt man nämlich Wellpappteile in Belastungszonen falsch ein, trifft der Druck seitlich auf die Welle und schiebt sie zusammen. Verlaufen die Wellen aber senkrecht zur Belastung, werden sie nur minimal gedrückt und behalten ihre Form. Das Ergebnis ist ein stabiles und durch die „eingebaute" Federung gleichzeitig sehr bequemes Möbelstück, wie es beispielsweise Hans-Peter Stange mit seinem Papphocker realisiert hat.

Die Ausrichtung der Falzkanten spielt für die Belastbarkeit eine ähnlich tragende Rolle. Genau wie die Wellenrichtung muss die Knickrichtung senkrecht zur Belastung gesetzt werden, damit sie den Druck richtig auffangen und verteilen kann.

Einige Beispiele für Verbindungstechniken bei Wellpappe

Steck- und Klebeverbindungen braucht man, um die Bauteile der Pappobjekte zu verbinden oder zu schließen. Je unaufwendiger diese Verbindungen konstruiert sind, desto rascher lassen sich die einzelnen Module zusammenfügen. Das Paradebeispiel „Papphocker“ zeigt, dass man mit einer einzigen Steckverbindung die beiden gegengleich geschlitzten Bauteile zu einem vollwertigen Möbelstück zusammenfügen kann.

Klebeverbindungen machen immer dann Sinn, wenn ein Objekt dauerhaft montiert und nicht mehr zerlegt werden soll. Einfache Konstruktionen ermöglichen einen einfachen Zusammenbau. Eine Beschränkung auf wenige Bau-teile und unkomplizierte Verbindungen sorgen dafür, dass Möbelstücke aus Pappe mühelos und schnell aufgebaut und falls notwendig auch wieder zerlegt werden können. Je weniger Material verwendet wird, desto leichter ist das fertige Papierobjekt. So banal diese Feststellung auch sein mag, für Hersteller, die ihre Serienprodukte per Paketdienst an den Kunden liefern, ist sie das A und O aller Überlegungen. Und deshalb wird mit Werkstoffen experimentiert, die ein geringes Eigengewicht besitzen, und an Formgebungen getüftelt, die nicht nur gut aussehen, sondern bei möglichst geringem Materialverbrauch auch optimale Stabilität versprechen.

Wenn sich trotz dieser papiertrockenen Theorie die Lust auf eigene Kreationen in Ihnen regt, dann nur zu! Warum nicht einen trüben Regentag dazu nutzen, um mit einem ausrangierten Umzugskarton erste Gestaltungsexperimente anzustellen? Sollten sie misslingen: Lassen Sie sich nicht entmutigen. Auch Top-Designer haben so angefangen. Wenn Sie auf Nummer Sicher gehen wollen, dann finden Sie auf den Seiten 31, 55, 77 und 111 detaillierte Anleitungen für Papierobjekte, die auch Ungeübten gelingen.

Dekorative und praktische Objekte für Arbeit und Vergnügen

ACCESSOIRES & BASICS

Farbenfroh, originell und pflegeleicht – die Deko-Idee der Papierwerkstatt

Wer bei Utensilien aus Papier bloß an Schreibmappen und Fotoalben denkt, kennt nur einen winzigen Ausschnitt des riesigen Spektrums an schönen und nützlichen Dingen, die man aus dem zellulosen Multitalent fertigen kann. Becher, Teppiche, Blumen, Körbe, Vasen, Taschen, Schalen, Tischsets – es gibt kaum einen Gebrauchsgegenstand in unserem Haushalt, der sich nicht auch aus dem scheinbar so vergänglichen Material herstellen ließe.

Nüchtern betrachtet sind die meisten dieser Dinge nicht unbedingt die allerpraktischsten, wenn sie statt aus Kunststoff oder Keramik aus Papier oder Pappe gefertigt sind. Sobald man aber seinen ersten Strauß in einer Kartonvase drapiert oder den nackten Fuß auf einen Teppich aus Krepp gesetzt hat, wirft man alle Bedenken ganz schnell über Bord. Zu gut fühlt es sich an, zu verlockend variabel kann man damit dekorieren als dass man dem widersprüchlichen Reiz von Papier nicht erliegen könnte.

Und so überraschen Gestalter der unterschiedlichsten Disziplinen uns immer wieder mit teils gewagten, teils sehr bodenständigen Kreationen, die in exklusiven Kleinserien hergestellt werden. Sie experimentieren mit alten und neuen Techniken und weben, flechten, modellieren oder kaschieren Zeitungen, Seidenvlies, Bütten- und Textilfaserpapier zu charaktervollen Accessoires, die alles andere als alltäglich sind.

Der Münchener Papierwerkstatt hat es der Werkstoff aus Zellulose besonders angetan. Dort werden nicht nur handbedruckte Papiere gestaltet mit diesen Unikaten werden auch feine Leuchten, Papierwaren und Möbel in Buchbindertechnik hergestellt. Da diese sensiblen Objekte grelles Licht leider nicht besonders gut vertragen, entstand die Idee, an ihrer Stelle mit selbst entworfenen Papierblumen einen Hingucker im Schaufenster zu schaffen.

Die zarten Blüten kann man mit etwas Geschick und Fantasie leicht nachbasteln. Aus bunten Papierstreifen werden Blumenkelche gefaltet und auf Schaschlikspießen fixiert. In einem Blumentopf mit Gras und einer Schürze aus buntem Krepppapier halten sie garantiert bis zum nächsten Sommer.

Papierblüten für jeden Tag

Eine für alle

Eine waschechte Blumenvase verbirgt sich hinter dem formschönen Pappgefäß von Mobach, die absolut zuverlässig dicht hält.
Das Objekt besteht aus beschichtetem Bristol-Karton, der gefaltet und dann zusammengeschnürt wird. Seine Form kann durch einfaches Zusammenziehen oder Lockern der Kordel individuell verändert werden. Einzelne Blüten, aber auch ein ganzes Blumenensemble finden in den vielen Fächern der pfiffigen Vase immer einen festen Halt.

Die Schnürvase von Mobach interpretiert das alte Prinzip vom Faltbecher völlig neu

Gutes Design braucht nicht unbedingt einen großen Namen. Ein schöner Beweis dafür ist die geflochtene Schale aus Zeitungspapier, die von einem unbekannten Künstler in einer Werkstatt irgendwo in Asien gefertigt wurde. Wo genau lässt sich mit hundertprozentiger Sicherheit nur sagen, wenn man die gedrehten Schnüre aus buntem Zeitungspapier aufdröselt, aus denen das Gefäß geflochten ist. Ihre Form hat sich vermutlich schon über viele Jahrhunderte hindurch in vielen Haushalten bewährt. Gerade, schlicht und ohne überflüssige Schnörkel erfüllt sie nicht nur ihren eigentlichen Zweck, nämlich Obst und andere Dinge aufzubewahren, sondern bringt auch ihren Inhalt wirkungsvoll zur Geltung. Ihr etwas grobes Äußeres bildet besonders zu größeren, glatten Objekten einen reizvollen Kontrast.

Neuigkeiten aus Fernost: Die Anzeigenseiten einer asiatischen Zeitung werden zu einer praktischen Mehrzweckschale verarbeitet

No name, full function

Zu schade
zum Wegwerfen

Müllschlucker mit Starqualitäten: Der silberne Papierkorb von Marco Giunta bringt Glanz in jedes Büro

Verpackungen sind mehr als nur Verbrauchsmaterial für den italienischen Designer Marco Giunta. Er ist der festen Überzeugung, dass man die Welt mit all ihren Phänomenen auf die Grundfunktion einer Schachtel reduzieren kann. Selbst den menschlichen Körper sieht er in seinem innersten Wesen als Behälter von Gefühlen und rationalen Überlegungen.

In seiner Arbeit spielt diese recht ungewöhnliche Weltsicht ein ganz entscheidende Rolle. Nur, wer ein Objekt bis ins letzte Detail verstanden hat, kann es neu und besser gestalten. Giunta gelingt das, indem er die Eigenschaften eines Gegenstands so weit abstrahiert, bis wirklich nur die übrig bleiben, die ihn von allen anderen Dingen unterscheiden. Ein Papierkorb zum Beispiel muss letzten Endes nur eine Hülle sein, die dafür sorgt, dass das hineingeworfene Papier nicht auf den Boden fällt. Ob er rund oder eckig, grün oder rot, aus Plastik oder Metall ist, spielt für seine Aufgabe keine Rolle. Der Designer hat also, was Material, Form und Farbe angeht, völlig freie Hand bei der Gestaltung. Marco Giunta stellt mit seinem kristallförmigen Pappobjekt (übrigens eine von mehreren Papierkorbvarianten) die konventionelle Auffassung, wie ein Papierkorb auszusehen hat, gehörig auf den Kopf. Sein Modell wirkt so wertvoll und apart, dass man es am liebsten gar nicht benutzen möchte. Dabei ist der glamouröse Mülleimer bei weitem nicht so empfindlich wie man vielleicht annehmen könnte. Seine glänzende Haut wird als Folie auf die Pappkonstruktion aufgezogen und bildet eine Schutzhülle, der auch Feuchtigkeit nicht so schnell etwas anhaben kann. So kann das Giunta-Objekt sogar im Bad eingesetzt werden, wo es als stilvoller Behälter für benutzte Gästetücher eine ausgesprochen gute Figur macht.

So schön, dass man sie immer wieder gerne in die Hand nimmt, sind die Accessoires von Wedhorn Design. Ihre Formen erinnern an Essgeschirre primitiver Völker, die ihre Wassergefäße oder Trinkbecher aus Materialien herstellen, welche die Natur ihnen schenkt. Die cremefarbenen Objekte werden aber nicht aus vorhandenen Materialien herausgeschnitten, sondern mit einem Pappmachée aus feinem Seiden- oder Transparentpapier und Weißleim modelliert. Das Besondere an den Wedhorn-Stücken mit der papiernen Haut ist, dass sie sich dauernd verändern. Je älter sie werden und je öfter man sie benutzt, desto interessanter werden sie. Ihre Patina verrät dann, dass sie aus einem vergänglichen und gleichzeitig sehr lebendigen Material geformt sind.
Für diejenigen, die sich selbst an einem Objekt aus Pappmachée versuchen möchten, hat uns Jürgen Wedhorn eine Bauanleitung für eine wunderschöne Vase verraten (Seite 76 - 77).

Wie Kokosnussschalen sehen die kugeligen Schalen von Wedhorn Design aus. Paarweise kommen sie besonders gut zur Geltung

Weiße Ware

Gold für die Seele

Nichts beschreibt das Wesen der filigranen Behälter von Caroline Rügge treffender als ihr eigener Name: Die hauchzarten „Seelenschalen" der Hamburgerin haben ohne jeden Zweifel etwas Überirdisches, Mystisches.
Vielleicht liegt es daran, dass sie in ihrer Zartheit so immateriell und flüchtig wirken wie ein Lufthauch. Möglicherweise löst auch die Kombination der Farben Weiß und Gold – die einzigen, die Rügge für ihre ätherischen Gefäße verwendet – die Assoziation zu spirituellen Phänomenen aus. Wahrscheinlich aber verdanken die archaisch wirkenden Objekte der Designerin ihren geheimnisvollen Charakter der Tatsache, dass sie Stück für Stück von Hand geformt werden. So bekommt jedes einzelne von ihnen seine eigene Seele, die es einzigartig und unverwechselbar macht.

Ob „Seelenschalen" (links und oben rechts) oder aufwendig strukturierte Amphoren (rechts) - die Behältnisse von Caroline Rügge faszinieren durch ihren archaischen Charakter

Papier mit Füßen zu treten ist für viele Menschen unvorstellbar. Sie können nicht glauben, dass man Tag für Tag über Teppiche aus diesem Material laufen kann, ohne dass die Fetzen fliegen. Bodenbeläge aus Papier sind aber durchaus strapazierfähig und behalten auch bei harter Beanspruchung lange ihr gutes Aussehen. Die Kreationen des Teppich-Art-Teams bestehen aus Kreppapierstreifen, die zu robusten Teppichen verwoben werden. Ihre Oberfläche ist mit einer Schutzschicht aus Naturwachs versehen, die sie unempfindlich gegen Schmutz und Nässe macht.
Für die Teppichkollektion von Woodnotes wird eine gedrehte Papierschnur mit Kettfäden aus Leinen verwoben. Die exklusiven Modelle dieses Designstudios gibt es in 58 Varianten, 7 Mustern, 12 Farben und zahlreichen Formen und Größen.

rechts: Woodnotes verwendet industriell gefertigte Papierschnur für seine Teppichkollektion

links unten: Das Teppich-Art-Team verwebt Krepppapierstreifen

Magic Carpets

Natürlich skandinavisch

Nordisches Flair in südliche Häuser bringen nicht nur die Papierteppiche der Designwerkstatt von Woodnotes. Auch den vielen anderen schönen und praktischen Dingen aus der riesigen Produktpalette des finnischen Unternehmens merkt man sofort an, aus welchem Teil Europas sie stammen.
Dass der skandinavische Stil etwas ganz anderes sein kann als nur Kiefer und Schurwolle, wird einem sofort klar, wenn man die pfiffige Woodnotes Kollektion aus Papier sieht. Sie ist genau so klar in der Form und schlicht in Material und Verarbeitung wie ihre traditionellen Vorbilder. Und dass alle Produkte aus natürlichen Materialien – in diesem speziellen Fall Papier – bestehen, versteht sich für die Chefdesignerin von Woodnotes von selbst. Aber eintönig und bieder wie die Selbstbauregale aus den 70-ern sind die Entwürfe von Ritva Puotila ganz bestimmt nicht. Ihre Accessoires für zu Hause und unterwegs sind ausgesprochen modern und stilvoll. Tischsets, Taschen, Zeitungsständer und noch viel mehr gibt es wahlweise in klassischen Naturtönen oder in leuchtenden, kräftigen Farben, mit denen man lebhafte Akzente setzen kann.

Sehr citylike sind die Umhängetaschen von Woodnotes aus Papierkordel, in denen auch Aktenordner und Terminplaner gut untergebracht sind

Vom Ballon zur Vase

SIE BRAUCHEN:

einen Luftballon

Zeitungspapier

Plastikfolie

ein Klebeband

Transparentpapier in Stückchen gerissenen

eine Stecknadel

wasserfesten Holzleim oder Kleister

einen Pinsel

eine Arbeitsunterlage

evtl. ein Reagenzglas

Und so geht´s:

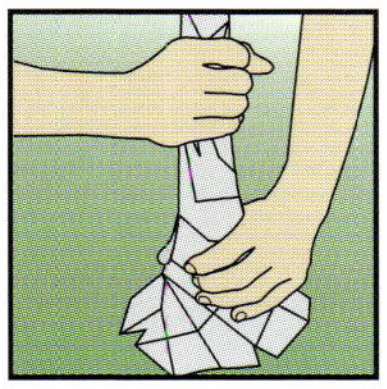

1 Formen Sie das Zeitungspapier grob als Vasenoberteil. Berücksichtigen Sie dabei den Durchmesser Ihres Reagenzglases, falls Sie Ihre Vase später nicht nur für Trockenblumen einsetzen möchten.
Blasen Sie den Luftballon auf, der den Modellierkern des Vasenunterteils bilden wird und verknoten Sie ihn.

2 Umkleben Sie das Vasenoberteil mit Klebeband, um dieses in die richtige Form zu bringen.

3 Nun umwickeln Sie dieses Teil mit Plastikfolie, die eine Trennschicht zwischen Papierkern und Transparentpapier bildet.
Das Transparentpapier reißen Sie in möglichst gleichmäßige kleine Stücke.

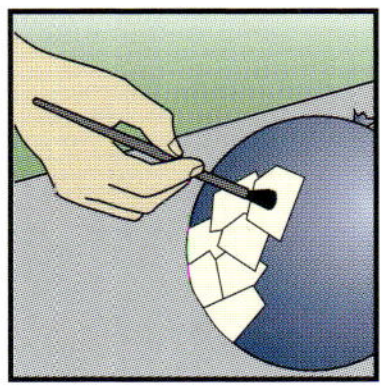

4 Tränken die Papierstückchen mit Leim und kleben Sie sie überlappend auf den Luftballon, so daß um den Luftballonknoten herum eine Fläche von ca. 10 cm ø frei bleibt. Tragen Sie 4 - 5 Schichten auf.
Genauso verfahren Sie mit dem Vasenoberteil, das Sie komplett mit Papierstückchen bekleben. Lassen Sie beide Teile trocknen.

5 Wenn alles gut durchgetrocknet ist, stechen Sie den Luftballon kaputt und entfernen die Reste aus dem Inneren. Das Vasenoberteil trennen Sie ebenfalls vom Modellierkern.

Fügen Sie den Vasenhals und den Vasenboden zusammen und verleimen Sie beide Teile am Übergang wieder mit Papierstückchen.

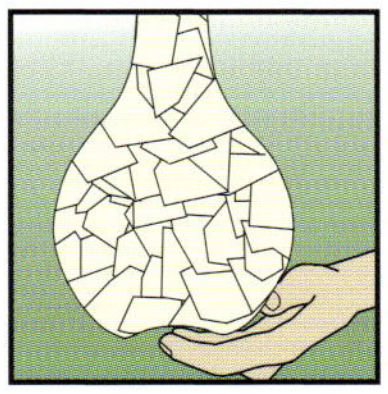

6 Für eine gute Standfestigkeit der Vase feuchten Sie ihren Boden an und formen ihn manuell aus. Fertig ist die Vase.
Für die wasserdichte Variante stellen Sie das Reagenzglas von oben in die Vasenöffnung.
Wenn Sie den Glasdurchmesser berücksichtigt haben, müsste es genau in den Hals der Papiervase passen.

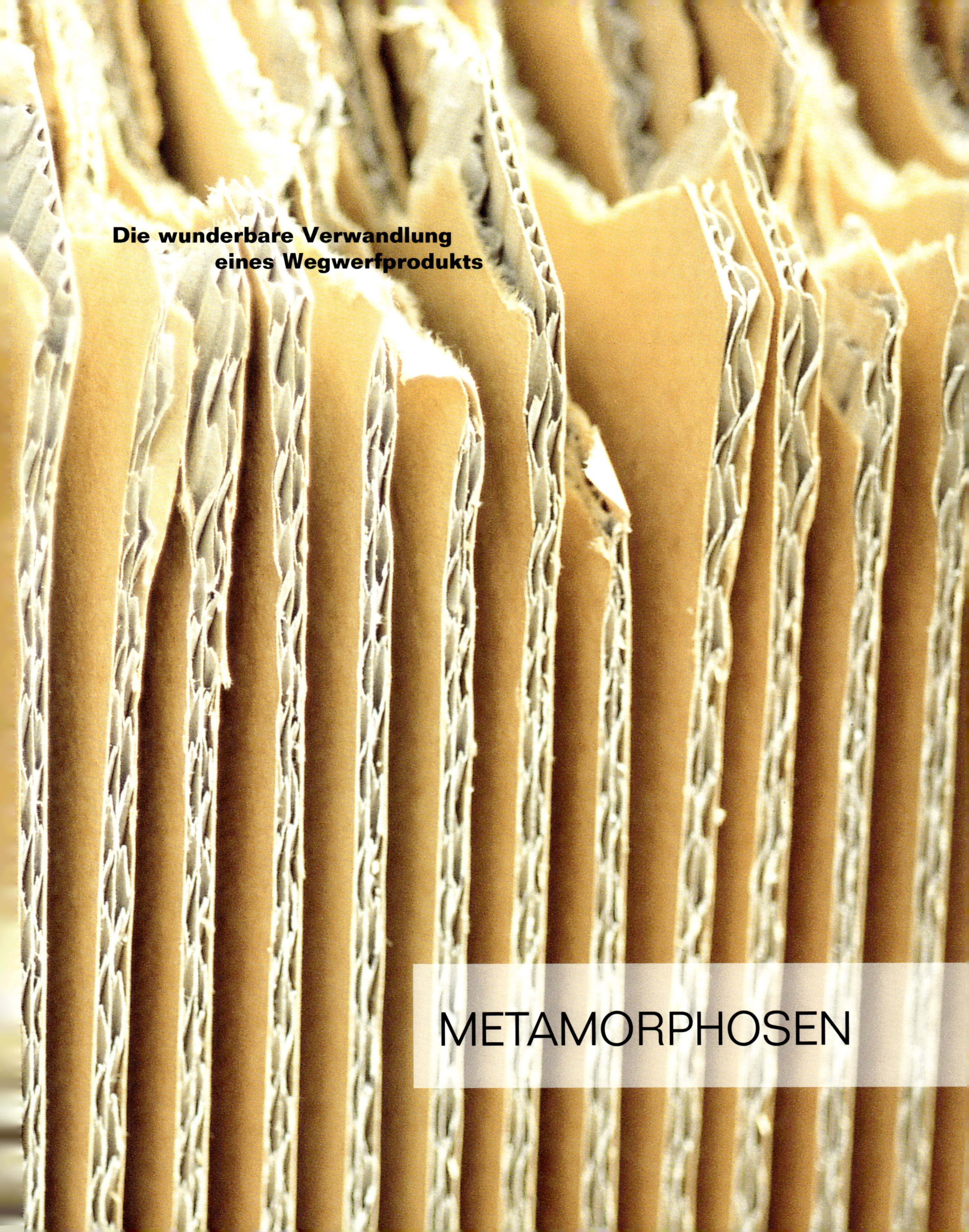

**Die wunderbare Verwandlung
eines Wegwerfprodukts**

METAMORPHOSEN

Wellpappe mit Biss

Mit edlen Designerstücken assoziiert man meist unwillkürlich hochwertige Materialien wie Leder, Chrom oder Wurzelholz. Doch Gestalterpersönlichkeiten, die sich nicht länger mit konventionellen Gestaltungsmitteln zufrieden geben wollten, haben gezielt schlichte Materialien von ihrem Aschenputteldasein befreit und in ausgefallene Objekte verwandelt, die das Licht der Öffentlichkeit nicht scheuen müssen. Sie nahmen Werkstoffe, die für einen ganz anderen Einsatz bestimmt waren, und machten aus ihnen Möbel mit einer sehr ungewöhnlichen Optik. So fanden auch industrielle Papierwaren wie Wabenpappen, Wellpappen oder Pappröhren den Weg in die Designwelt. Sie wurden kurzerhand zweckentfremdet und zu skulpturalen Möbeln verarbeitet, die völlig neue Sitz-, Sicht- und Lebensweisen zuließen.

Der in Amerika lebende und arbeitende Archtitekt Frank O. Gehry entdeckte in den späten 60-er Jahren das Material mit den widersprüchlichen Eigenschaften für seine Möbelentwürfe. Der eigenwillige Künstler suchte immer neue Wege, wie man in Architektur und Design aus einfachen Werkstoffen ansprechende und funktionale Produkte schaffen konnte. Karton als klassisches Verbrauchsmaterial, das preiswert und einfach zu beschaffen ist, war darum die ideale Grundlage für seine ungewöhnlichen Objekte. Seine Kartonmöbelserie „Easy Edges“ entstand in den frühen Siebzigern. Für die anmutigen Sitzmöbel und Tische dieser Kollektion legte er verleimte Lagen aus Wellpappe in serpentinenartige Schlingen und fasste sie zur Stabilisierung mit Hartfaserkanten ein.

Ein leuchtender Stern am Pappdesign-Himmel ist Frank O. Gehry's Wellpappklassiker „Little Beaver“, fotografiert im Konferenzpavilion des VITRA Design Museums in Weil am Rhein

Nach einer gestalterischen Pause, in der er sich ausschließlich mit Architekturprojekten beschäftigte, nahm er in den 80-er Jahren die Auseinandersetzung mit dem unscheinbaren Wegwerfprodukt wieder auf. Nun ging er wesentlich konsequenter mit dem Werkstoff Wellpappe um und verzichtete schließlich ganz auf die Verwendung von Holz als Hilfsmaterial. Mit „Little Beaver“ und „Grandpa Beaver“, den Glanzstücken seiner neuen Reihe „Experimental Edges“, schuf er Sitzmöbel, die durch die Schlichtheit ihres Materials eine ganz eigene Ästhetik besitzen. Gehry verwendete dafür fast ausschließlich die Wellschichten der Wellpappe. Die klebte er wie Jahresringe eines Baumes aneinander, schnitt sie in Scheiben und fügte die so entstandenen Segmente leicht versetzt wieder zusammen. Das Ergebnis dieser merkwürdigen Technik sind voluminöse Sessel, die mit ihren ausgefransten Kanten sympathisch unfertig wirken. Durch die natürliche Federung der Wellpappe sind die Sitzobjekte trotz ihres etwas unbequemen Aussehens ausgesprochen komfortabel.

Gehrys „Kleiner Biber“ ist wahrscheinlich das bekannteste Objekt aus Wellpappe überhaupt und hat die Herzen zahlloser Designliebhaber im Sturm erobert. Das begehrte Sammlerstück wurde von der renommierten Designfirma Vitra, die sich auf die Produktion von Sitzmöbeln internationaler Top-Designer spezialisiert hat, nur in einer sehr geringen Stückzahl wieder aufgelegt. Bei so manchem Gestalter hat der Sessel den Anstoß gegeben, sich mit den Werkstoffen Papier und Pappe ernsthaft auseinander zu setzen. Die Arbeiten des Wahlamerikaners zeigen in Vollendung, wie man aus unscheinbaren Materialien mit ungewöhnlichen Methoden Dinge machen kann, die nicht nur ihren Zweck erfüllen, sondern auch auffällig schön und im wahrsten Sinne des Wortes eigenartig sind.

Der ruhende Pol

Ein futuristischer Platz zum
Entspannen und Nachdenken
ist das Liegeobjekt
von Esparto Design

Bewegungsenergie in Materie aufgehoben – das ist die Übersetzung des englischen Kürzels KERMA, das Esparto Design seinem futuristischen Liegeobjekt zum Namen gab. Die Materie ist in diesem Fall eine zweischichtige Wellpappe, die in bumerangähnliche Teilstücke zersägt und anschließend in Form gepresst wird. Dabei werden die Einzelelemente so ineinander verzahnt, dass Licht und Luft ungehindert zwischen den verschiedenen Schichten der Wohnskulptur durchströmen können.

Das fertige Objekt wirkt, als sei eine große Welle mitten in der Bewegung einfach eingefroren. Doch obwohl die Pappliege insgesamt etwas starr wirkt, ist Kerma auffallend komfortabel: Die Liege ist höchst raffiniert auf die natürliche Körperform zugeschnitten und wird auch bei längerem Ruhen nicht unbequem.

Ungewöhnliche Sitzmöbel aus gewöhnlichem Material sind die Stärke von Esparto Design. Auch der Sessel „Kolumbus" (links), der Stuhl „Xoto" (rechts) und das Sofa „Schredder" (unten) zeigen, welche unterschiedliche Formen man mit aneinandergeschichteter Wellpappe gestalten kann.
Sehr rundlich und kompakt kommt „Kolumbus" daher, der seine Abstammung vom Ei nicht verleugnen kann.
Die Einzelteile des luftigen „Xoto" setzen sich aus den Buchstaben seines Namens zusammen, die raffiniert ineinander verzahnt sind.
„Schredder" macht seinem Namen alle Ehre. Mit seinen zerrissenen Kanten sieht er so aus, als sei er gerade noch dem Reißwolf entkommen.

Clubsessel mal ganz ohne Leder: das Pappobjekt „Kolumbus" von Esparto Design

Schicht für Schicht verschieden

Eine ganz eigene Interpretation zum Thema nachwachsende Rohstoffe liefert die Design-Agentur Nucleo. Getreu ihrem Motto, dass man am meisten über ein Produkt erfährt, wenn man es selbst zusammenbaut, kommt ihr Gartensessel „Terra" als Do-it-yourself-Packung ins Haus. Der angehende Stuhlbesitzer findet darin einen Bausatz aus Pappelementen nebst Montageanleitung und – eine Tüte Grassamen!
Die Kartonteile werden zunächst nach Vorschrift zu einem Gitter zusammengesetzt und am besten im Frühling an einem sonnigen Platz im Garten aufgestellt. Die Zwischenräume füllt man dann mit Erde und sät den mitgelieferten Samen auf die fertige Konstruktion. Mit etwas Glück und dem richtigen Maß an Sonne und Regen ist der Gartensessel pünktlich zu Sommerbeginn fertig. Das verbuddelte Pappgerüst verwandelt sich im Laufe der Zeit zu Kompost und düngt so den natürlichen „Sesselbezug" aus Rasen.

Hundertprozentig umweltverträglich, kompostierbar und absolut wetterfest: der Gartensessel von Nucleo

Natürlicher Komfort

links und rechts: „Papote und Nomade", Sessel und Hocker von Phillipe Belanger

Sehr bewusst geht der französische Künstler und Designer Philippe Bellanger mit dem Rohstoff Pappe um. In seiner Agentur Ap'Art gibt es zwei zentrale Arbeitsschwerpunkte, um die sich alle Überlegungen drehen: ergonomisches Sitzen und umweltverträgliche Materialien. Beide Fliegen mit einer Klappe kann Bellanger schlagen, indem er Wellpappe für die Produktion seiner Sitzobjekte verwendet.

Dazu werden zunächst viele Schichten gewellten Feinkartons zu kompakten Blöcken verklebt. Aus diesen Rohlingen scheidet er dann Stühle oder Sessel, die exakt nach den Bedürfnissen des menschlichen Körpers geformt sind. Bellanger bietet seine Sitzskulpturen in unterschiedlichen Größen für verschiedene Altersstufen an. Das Clevere an diesem Konzept: Der Designer nutzt geschickt die ausgeschnittene Abfallform der großen Objekte, um daraus die nächstkleineren Modelle zu machen.

So entstand auch sein „Stowaway ensemble", das sich aus drei unterschiedlichen Stuhlmodellen zusammensetzt: „Pass-age adult easy chair" für Erwachsene, „Nomad young person easy chair" für Jugendliche und „Firefly child easy chair" für Kinder. Die drei Teile lassen sich komplett ineinander schieben und Platz sparend verstauen.

Nach dem gleichen Prinzip sind auch „Papote und Nomade", ein Sitzobjekt mit einem dazugehörenden Fußschemel entstanden: Die Negativform der Stuhlbeine dient als bequeme Ablage für müde Beine oder als praktischer Hocker für überraschende Gäste. Die Oberfläche der beiden Objekte zeigt wie alle Arbeiten aus der Ap'Art Werkstatt das Innenleben der verwendeten Wellpappe. Durch die hochkantige Verarbeitung des Werkstoffs sind die Möbel sehr stabil; ihre skulpturalen Formen sind dennoch so ergonomisch, dass man bequem den ganzen Abend darauf verbringen kann.

Philippe Bellanger hat für seine Pappskulpturen in der Nähe der Côte d'Azur einen eigenen Ausstellungsraum geschaffen. Der Showroom in Alès en Cevenne steht aber auch anderen Künstlern offen, die wie er Gratwanderer zwischen Kunst und Design sind.

positiv /
negativ

Moderne
Tradition

Nach Vorbildern aus der klassischen japanischen Wohnkultur entstanden die futuristisch anmutenden Pappobjekte von Shigeru Ban. Mit seinem flexiblen Raumtrenner und den grazilen Sitz- und Liegeelementen zitiert er die Paravents und Tatami-Matten seiner Heimat und übersetzt sie in zeitlose Möbel, die schlicht und elegant zugleich sind.
Bei der Realisation seiner Entwürfe blieb der Gestalter Ban dem Material treu, das in der internationalen Architekturwelt zu seinem Markenzeichen geworden ist: Aus Papphröhren unterschiedlicher Dicke schafft er Gebäude und Wohnobjekte, welche die Eigenschaften des an sich sehr unspektakulären Materials geschickt nutzen. Je nach Verwendung verleiht es den Strukturen die nötige Stabilität oder die gewünschte Flexibilität, die den Benutzer immer wieder erstaunen.
(siehe auch EXPO-Pavillon im Einleitungskapitel, Seite 13)

Bambusnachbau vom Recycling-Hof: Shigeru Bans **Papphröhren-Stuhl (rechts), -Liege (oben) und -Paravent (links), werden von dem italienischen Designmöbel-Spezialisten** Cappellini **produziert**

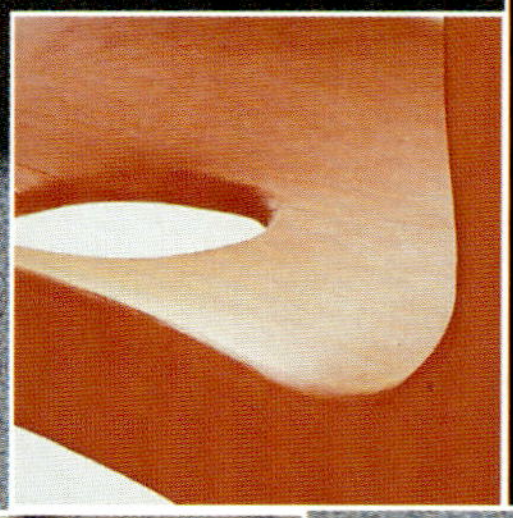

Ein Werkstoff,
zahllose Unikate

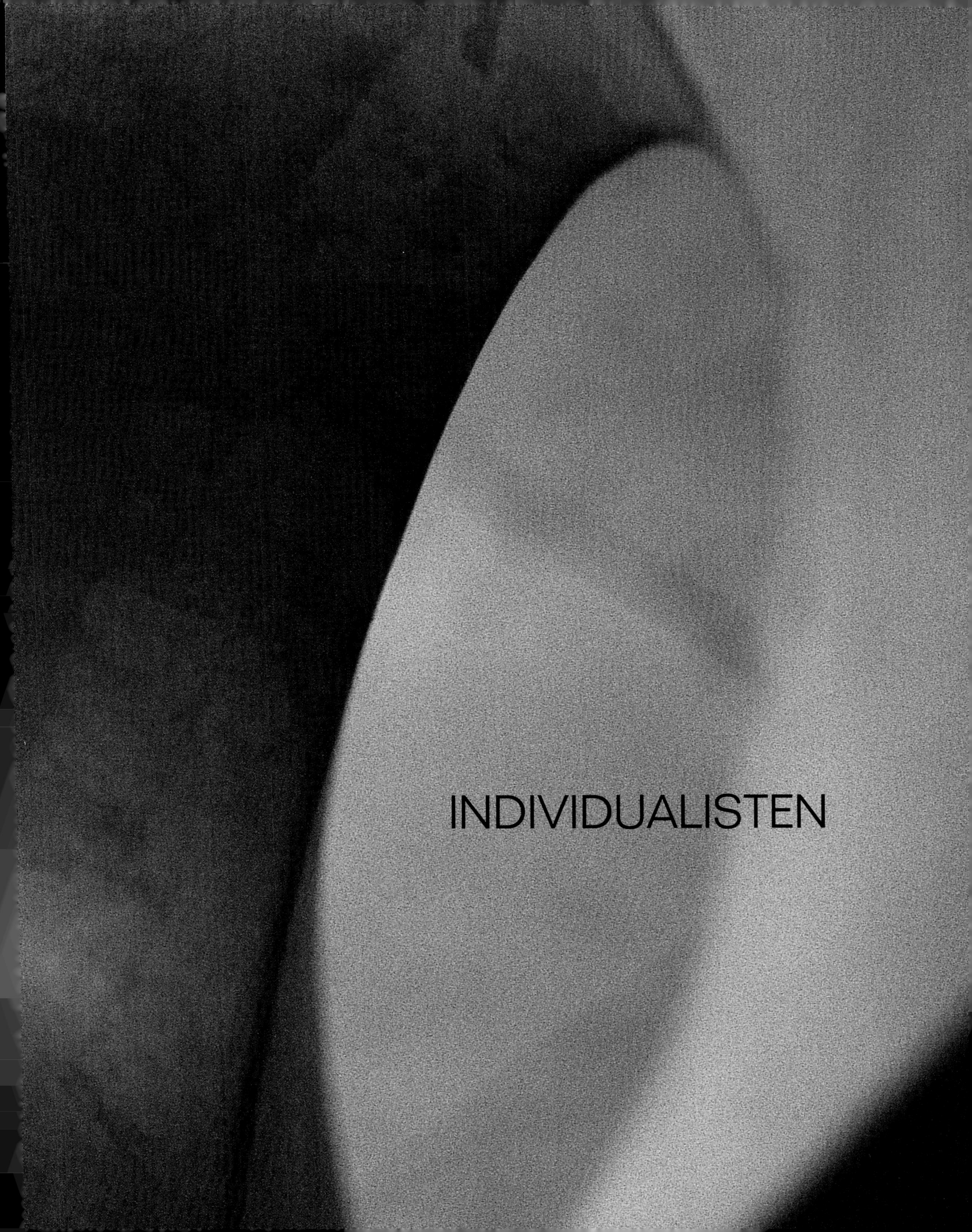

INDIVIDUALISTEN

Einer ganzen Reihe von Papiermöbeln sieht man ihren Werkstoff auf den ersten Blick gar nicht an. Die Schöpfer dieser Objekte haben sich nämlich dem Gestalten mit Pappmachée verschrieben, das ein viel freieres Arbeiten zulässt als es beim Falzen und Pressen des flächigen Materials Wellpappe je möglich ist. Die Technik ist vermutlich so alt wie das Papier selbst und genau so einfach wie aufwändig. Bei Sitz- und Tischobjekten aus Pappmachée bildet eine Unterkonstruktion aus leichtem Sperrholz, Draht oder – noch konsequenter gedacht – verleimter Graupappe das tragende Gerüst und befreit die Designer so von einer ganzen Reihe statischer und gestalterischer Sachzwänge. Über diese Grundstruktur werden Lage für Lage Schnipsel oder ganze Blätter aus Papier gelegt, die wie eine eingekleisterte Tapete mit einer Mixtur aus Mehl und Wasser getränkt sind. Da das Material in nassem Zustand verarbeitet wird, kann man es gut modellieren und wie Ton mit den Händen in Form streichen. So entstehen sehr weiche, organische Übergänge und Details, die den Objekten ein ästhetisches Eigenleben verleihen. Beim Trocknen spannt sich die Deckschicht dann wie eine Haut über das darunter liegende Skelett und bildet eine harte, glatte und reißfeste Oberfläche, die nach Lust und Laune mit Farbe oder Schmuckpapier weiter gestaltet werden kann. Wenn das aktuelle Design einmal nicht mehr gefällt, macht man ganz einfach ein anderes. Bei der umfangreichen Papiermöbelkollektion von Jan Armgardt ist das eigene Gestalten sogar ausdrücklich erlaubt. Er möchte, dass die Benutzer seiner Objekte mit ihnen in Berührung geraten, sie erleben, begreifen, verstehen und für ihre ganz persönlichen Bedürfnisse interpretieren und verwenden. Darum bleibt es jedem selbst überlassen, ob er Armgardts Papierstühle in ihrem Originalzustand belässt oder sie passend zu seinem persönlichen Lebens- und Wohnumfeld abwandelt.

Der studierte Industriedesigner sieht seine wichtigste Aufgabe als Gestalter darin, Denkanstöße zu vermitteln und neue Wege zu finden, die mehr sind als nur modische Strömungen. Seine Philosophie ist es, disziplinenübergreifend zu denken und experimentierend zu gestalten. Gutes Design kann für ihn nur gelingen, wenn Impulse aus unterschiedlichen Welten aufeinander treffen und eine eigenständige Formensprache ins Leben rufen.

Der Pappmachéstuhl „Schwanensee" von Jan Armgardt ist Teil seines Papiermöbelzyklus 1991 - 1994. Seine anmutig geschwungenen Formen lassen ahnen, wie leicht das Objekt aus der Designwerkstatt des Künstlers ist. Mit seinen grazilen Beinen sieht es so zerbrechlich aus, dass man sich fast nicht traut, darauf Platz zu nehmen. Dabei ist „Schwanensee" so tragfähig, dass er auch schwergewichtige Menschen leicht aushalten kann.

Aber nicht nur als aktiver Gestalter hat sich Armgardt in der Designwelt einen Namen gemacht. Seine Workshops zum Thema „Gestalten mit Papier", die er als Professor für Produktdesign an den Fachhochschulen Aachen und Coburg regelmäßig veranstaltet, finden bei Studenten und auch Kollegen großes Interesse.

Mitglied des Stuhlballetts von Jan Armgardt: der geschwungene Pappmachéstuhl „Schwanensee", den es in verschiedenen Farbvarianten und Materialauflagen gibt

Tänzerische Leichtigkeit

Aus Eins mach Zwei

Gelungenes Resultat der Teilnahme am Workshop „Möbel aus Papier – Design der Zukunft" ist das teilweise durchscheinende Möbelensemble „Hit". Sein Designer Ingo Bönnemann war ein Student von Jan Armgardt an der FH Aachen.

Die beiden Funktionselemente von „Hocker im Tisch" – so der vollständige Name des Objekts – wurden aus einem angeschnittenen Kegel entwickelt. Sie sind so clever konzipiert, dass man sie als Hocker mit Tisch verwenden oder zu einem schlanken Sessel kombinieren kann.

Der Unterbau des Objekts besteht aus Sperrholz, Graupappe und Wabenpappe, die aus statischen Gründen teilweise mit Metallbeschlägen verstärkt sind. Als „Haut" verwendet Bönnemann alte Architekturzeichnungen, die er mit Tapetenkleister und Weißleim an dem Gerüst fixiert. Eine Filzauflage schützt die nicht unbegrenzt abriebfeste Sitzfläche des Hockers vor zu hohen punktuellen Belastungen.

Ästhetische Röntgenbilder: Die Bespannung aus Transparentpapier sorgt für Durchblick bei der Möbelkombination „Hit" von Ingo Bönnemann

Spannende Gestaltungsvorgaben wie „Gebrauch und Zeit", „Verschwendung ist unmoralisch" und „Komplizen im Alltag" führten zu den Entwürfen der Objekte „Ch-air" und „Versuchung" von Birgit Bomble und Clarissa Lessmann in dem Design-Workshop von Jan Armgardt.

Schon der Name von Birgit Bombles „Ch-air" lässt vermuten, dass es sich bei dem Stuhl um ein Leichtgewicht handelt. Seine fein auslaufenden Armlehnen, der offen gehaltene Stuhlrücken und die kleinfüßigen Beine bilden einen reizvollen Kontrast zu den massiv geformten Sitz- und Gelenkteilen. Ungewöhnlich sind auch die fließenden Übergänge zwischen organischen und geometrischen Teilen, die durch das Gestalten mit Papiermachée erzielt wurden. Als Unterbau des Objekts dienen dünnes Sperrholz und Graupappe, seine Oberfläche entstand aus acht Lagen Packpapier, die auf das Gerüst geklebt wurden.

Clarissa Lessmanns „Versuchung" besticht durch ihre plakative Farbgebung, noch mehr aber durch ihre provokative Form, die sich nur schwer beschreiben lässt. Das endgültige Design des phantastischen Stuhlobjekts entstand – ganz im Sinne von Armgardts Prinzip des experimentierenden Gestaltens – erst nach dem Bau mehrerer Modelle. Grundmaterialien sind auch hier Sperrholz und Graupappe, die mit Packpapier bezogen und mit farbigem Japanpapier versiegelt wurden. Für die Hinterbeine des eigenwilligen Stuhls bekam ein alter Besenstiel eine zweite Chance.

Dem aggressiven Charme von Clarissa Lessmanns „Versuchung" kann man sich nur schwer entziehen

Platz nehmen und ausruhen: Der Pappmachéstuhl von Birgit Bomble mit seinen einladenden Armlehnen

Ch-air und die Versuchung

Relaxen auf drei Beinen: Der „Greyhound Chair“ von Catharina Stosch mit seiner Schmuckschicht aus Ingres-Papier

Sitz und Platz

Der Greyhound Chair von Catherina Stosch ist eine sehr gelungene Kombination von Stuhl und Liegesessel. Seine organisch geschwungene Form erinnert an die Silhouette rennender Windhunde und bietet beste Voraussetzungen für ein entspanntes Liegen. Bis zu neun Schichten Packpapier sorgen dafür, dass die großflächige Bespannung des Objekts auch hält, was sie verspricht.

Goldener Teller in weiß

Dem würfelförmigen Couchtisch von Wedhorn Design merkt man den künstlerischen Background seines Schöpfers deutlich an. Durch seine reduzierte Form, die ausgewogene Komposition und die gekonnte Farbgebung wird das Wohnobjekt zu einer in sich geschlossenen Skulptur, die auch losgelöst von ihrer eigentlichen Bestimmung perfekt funktioniert. Ein großzügig proportionierter Quader mit quadratischem Grundriss bestimmt den Charakter des Tischs. Sehr kompakt steht er im Raum und nimmt – ganz selbstverständlich und kompromisslos – seinen Platz voll in Anspruch. Trotz seines beachtlichen Volumens scheint das Objekt über dem Boden zu schweben. Mit Hilfe eines Kunstgriffs – in diesem Fall ein zurückgesetzter Sockel – nimmt sein Designer dem massiv wirkenden Block einen Teil seines optischen Gewichts.

Die große weiße Oberfläche des Wedhorn-Tischs beleben zwei sehr raffinierte Details. Eine kreisrunde, mit Blattgold verzierte Vertiefung in einer Ecke des Objekts ist nicht nur ein schöner Hingucker, sondern kann auch als Ablageschale für Obst oder Ähnliches genutzt werden. Schräg gegenüber ist ein quadratisches Fach eingelassen, das als Zeitschriftenständer oder Flaschenkorb dient.

Ein echtes „Gewichtswunder" ist der großformatige Couchtisch von Wedhorn Design, **der nicht annähernd so viel wiegt wie man vermutet**

Klare Linien und eine zurückhaltende Farbgebung sind die Gestaltungsprinzipien, die dem Designer Jürgen Wedhorn bei der Gestaltung seines halbhohen Schrankelements wichtig waren. Sie machen „XI“ zu einem modernen und gleichzeitig zeitlosen Möbelstück, an dem man viele Jahre Freude hat. Das einzig schmückende Element des Papierobjekts ist nicht reiner Selbstzweck, sondern hat gleichzeitig eine praktische Funktion: Das prägnante X ist der Griff des Schranks, der zum Öffnen der Türen komplett aus seiner Magnethalterung genommen wird.

Der „Rest“ des Sideboards ist bewusst schlicht gehalten. Für sein helles Oberteil wurde ein leichtes Holzgestell mit Pappe ummantelt und anschließend mit einer Deckschicht aus feinem Schmuckpapier kaschiert. Sein mattes Weiß ist bei näherem Hinsehen nicht monochrom, sondern fein strukturiert und bringt so eine feine Nuancierung in die großflächigen Tür- und Seitenteile. Die Beinkonstruktion des Objekts ist aus dem gleichen Material wie sein Eyecatcher. Die schlichten Füße aus amerikanischem Kastanienholz tragen das Objekt und bilden mit ihrem warmen Braunton zu dem lichten Oberteil ein reizvollen Kontrast.

Naturbelassenes Feinpapier und edles Holz harmonieren in dem minimalistischen Sideboard von Wedhorn Design

Schrank mit X

Bekannte Form,
neuer Look

Die 60-er Jahre lieferten sicher Anregungen für die kugeligen Möbelentwürfe von Wedhorn Design. Doch anders als seine „historischen“ Vorbilder ist der bodennahe eiförmige Sessel „Monella“ kein Massenprodukt, das im Spritzguss- oder Schäumverfahren aus Kunststoff hergestellt wird. Wie alle Wedhorn Produkte wird auch der Sessel sorgfältig von Hand aus Papiermachée geformt. Die leichten Unregelmäßig-
keiten, die durch dieses Herstellungsverfahren entstehen, sorgen dafür, dass die fertigen „Monella“-Exemplare sich zwar gleichen wie in Ei dem anderen, aber nie hundertprozentig identisch sind.
Der rosafarbene Stuhl hat eine gewisse Ähnlichkeit mit den Cocktailsesseln der Fifties. Vermutlich sind es die zierlich abgespreizten Holzbeinchen und die eigenwillige Farbgebung, die an die goldenen Fünfziger denken lassen. Das Material ist allerdings eher neuzeitlich-sachlich. Auch hier wurde ein Unterbau aus leichtem Stützmaterial mit mehreren Schichten Papier in seine endgültige Form gebracht und mit einem Finish aus durchgefärbtem Feinpapier vollendet.

Mit allen vier Beinen fest im Wohnleben steht der rosarote Halbsessel von Wedhorn Design

Ei mit Federung: Der Bodensessel „Monella“ von Wedhorn Design gibt bei jeder Bewegung seines Besitzers nach

Ein ausgesprochen skulpturales Papierobjekt hat die Nürnberger Gestalterin Inga Reichert mit ihrer „Chaiselounge“ geschaffen. Die großzügigen Abmessungen und die ausdrucksvolle Farbgebung machen es zu einem schönen Solitärstück in Wohn- und Arbeitsräumen. Der Name der Möbelskulptur verrät ihre doppelte Bestimmung: Als Mischung aus Chaiselongue – also Liege – und Lounge Chair – alias Klubsessel – ist sie für ein entspanntes und entspannendes Denken und Ruhen konzipiert. Je nach momentaner Stimmung und persönlicher Relax-Haltung kann die einseitige Lehne entweder als Arm- oder als Rükkenlehne benutzt werden. Die langgezogene Sitzfläche erlaubt es, die Beine gemütlich auszustrecken oder auch Zeitschriften und Teetablett in greifbarer Nähe unterzubringen. Die Polsterung des kombinierten Sitz- und Liegemöbels ist bewusst so gewählt, dass sie zwar nachgiebig, aber nicht zu weich ist. Schließlich war es Inga Reicherts Intention, ein Möbelstück zu schaffen, in dem man ruhen kann, aber nicht in Trägheit versinkt.

Einen starken Akzent setzt Inga Reicherts **„Chaiselounge“, bei der sie Holz und Papier zu einem vielseitigen Sitzobjekt kombinierte**

Mondänes Liegen

Umsatteln
auf Papier

SIE BRAUCHEN:

einen „Texas"- Baukasten (siehe Bezugsquellen)

einige Bögen buntes Recyclingpapier

einen Pinsel

einen Schraubenzieher

Weißleim

4 Schrauben

alte Zeitung zum Unterlegen

Und so geht's:

1 Um den Papierhocker „Texas" zu bauen, stecken Sie die Unterkonstruktion aus Wellpappe zusammen.

2 Die Unterkonstruktion muß rechtwinklig zur Grundplatte und die Bögen parallel zueinander stehen.

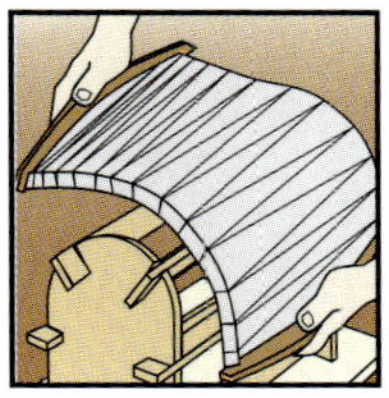

3 Dehnen Sie die mitgelieferte Papierwabe.

4 Nun spannen Sie die Wabe in die Unterkonstruktion und schrauben Sie diese auf der Grundplatte fest.

5 Reißen Sie das Recyclingpapier in ca. 3 cm breite Streifen und bestreichen Sie die Papierstreifen auf einer flachen Unterlage mit Leim.

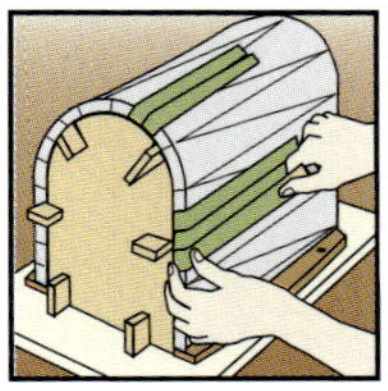

6 Legen Sie die Papierstreifen auf die Wabe und streichen Sie sie von der Mitte nach außen an. Bekleben Sie nun die ganze Wabe mit den Papierstreifen, die sich jeweils um 1 cm überlappen sollten. Die Streifen müssen auf der Wabe anliegen und dürfen keine Falten werfen. Ist die Oberfläche des Hockers komplett mit zwei Schichten beklebt, lassen Sie ihn ca. 2 Stunden trocken.

8 Lösen Sie nun die Schrauben an der Unterseite der Grundplatte und ziehen Sie vorsichtig die Unterkonstruktion nach unten weg.

9 Bekleben Sie nun auch die Innenseite des Hockers. Achten Sie auch hier auf faltenfreies Bekleben der Fläche. Ihr Papiermöbel sollte komplett mit mindestens drei Schichten Papier beklebt sein. Bevor Sie Ihren Hocker zum ersten mal „besitzen", sollten Sie ihn zwei Tage trocknen lassen.

AS YOU LIKE IT

Freie Wahl in Farbe, Oberfläche und Struktur

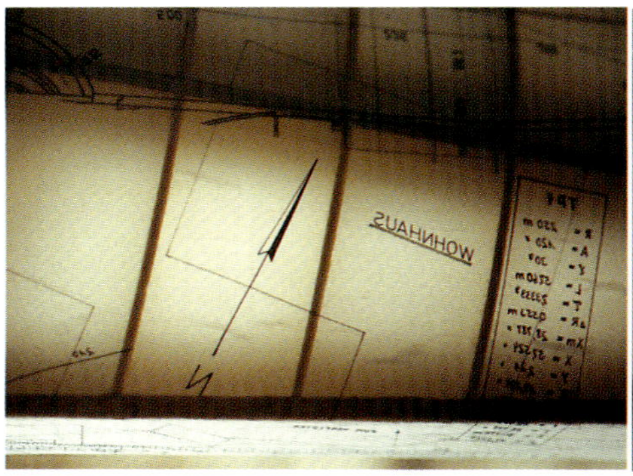

Viele Papp- und Papiermöbel werden mit unbehandelten Oberflächen angeboten und können ganz individuell gestaltet werden. Für welche Methode man sich dabei entscheidet, hängt allein vom persönlichen Geschmack ab. Vom freien Bemalen (zu dem man am besten Acrylfarben verwendet) über das Bekleben bis hin zum Druck ist alles möglich.

Zum Bekleben der Möbel eignet sich fast jede Sorte Papier. Ob Geschenkpapier, bunter Krepp oder Comic-Hefte – erlaubt ist, was gefällt. Nur zu dick sollte das Material nicht sein, sonst lässt es sich nicht gut verarbeiten und trägt zu sehr auf. Vor dem Bekleben reißt man das Papier zunächst in gleichmäßige Stükke. Je nach Objektgröße und -ausführung sollten diese zwischen 3 x 3 cm (für kleine Teile und Rundungen) und 15 x 15 cm (für größere Flächen) groß sein. Die Papierschnipsel bestreicht man dann mit klassischem Weißleim oder Mehlkleister, legt sie leicht überlappend auf das Möbel und streicht sie glatt. Möbel aus Wellpappe sollte man allerdings nicht komplett bekleben und wenigstens die Kanten frei lassen, da sich die Teile sonst leicht verziehen. Wenn man das fertige Stück nicht wieder zerlegen möchte, kann man es abschließend mit einer schützenden Schicht aus Klarlack überziehen.

Schöne Bortenmuster kann man mit Hilfe einer Gummiwalze auf die glatten Flächen von Pappmöbeln drucken. Die Rollen dazu gibt es in den unterschiedlichsten Dessins im Fachgeschäft oder beim örtlichen Malermeister, der vielleicht sogar alte Jugendstilornamente oder Fifties-Muster in seinem Fundus hat. Als Farbe eignet sich Dispersionsfarbe. Eine Farbschale mit Abrollfeld aus dem Baumarkt hilft dabei, sie gleichmäßig auf die erhabenen Stellen der Gummiwalze aufzutragen. Dann wird das Muster einfach auf das Möbelstück aufgerollt. Da das Ganze doch

Unbehandelte Oberflächen von Papier- und Pappmöbeln können mit einfachen Mitteln dem persönlichen Einrichtungsstil und Geschmack entsprechend gestaltet werden

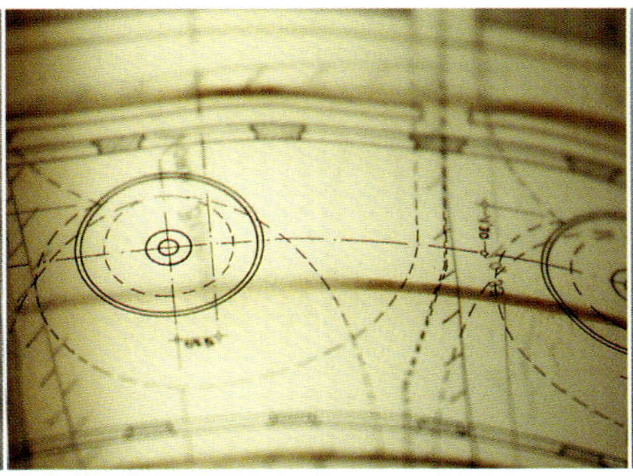

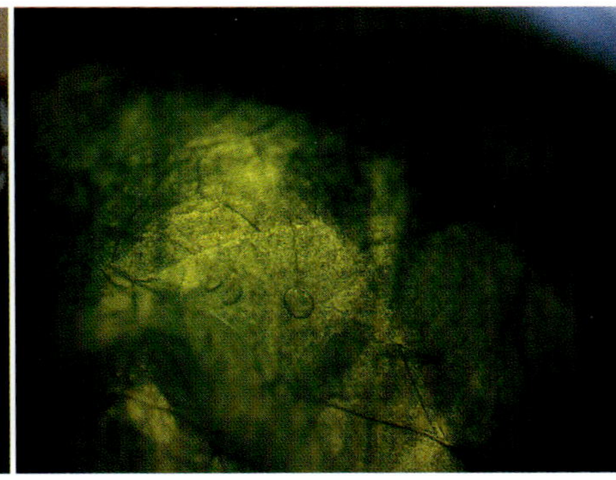

etwas Übung braucht, sollte man einige Übungsdurchgänge auf Papier machen, bis man die nötige Farbmenge und den richtigen Schwung gefunden hat. Auch mit Tubbelschablonen kann man gleichmäßige Muster auf Pappmöbel bringen. Mit solchen ausgestanzten Vorlagen wurden früher Frachtkisten oder Kaffeesäcke markiert. Die Originale findet man mit etwas Glück noch auf Flohmärkten; mit einem Cutter oder spitzen Messer kann sich aber auch eigene Modelle aus Papier oder dünner Pappe ausschneiden. Die Anwendung der Schablonen ist denkbar einfach. Man legt sie ganz flach auf das Objekt, hält sie gut fest und tupft unverdünnte Dispersionsfarbe in ihre Aussparungen. Auch hier lohnt sich vorheriges Ausprobieren, damit keine überschüssige Farbe unter die Schablone läuft und das Muster verschmiert. Die Abziehtechnik sollte man nur im Freien oder in gut gelüfteten Räumen anwenden. Am besten funktioniert sie mit Fotokopien oder Bildern aus möglichst billig gedruckten Zeitschriften. Mit einem Schwamm oder Wattebausch tupft man Lösungsmittel (kein Terpentin!) auf die Rückseite der Vorlagen und lässt die Flüssigkeit ca. zwei Minuten lang einwirken. Dann legt man das Bild mit dem Gesicht nach unten auf das Objekt und reibt mit einem Löffel die gelöste Druckerschwärze – also das Bild – auf seine neue Unterlage. Die Ergebnisse dieser speziellen Technik fallen sehr unterschiedlich aus und haben gerade dadurch einen ganz besonderen Reiz.

Bei der Verwandlung eines einfachen Pappmöbels in ein individuelles Wohnobjekt mit Hilfe von Farbe, Klebstoff, Pinsel oder Schablone sind Ihrer Fantasie prinzipiell keine Grenzen gesetzt. Nur die Form sollten Sie nicht „nachbessern“, denn die hat in den meisten Fällen eine „tragende“ statische Funktion.

WHO'S WHO VON A-Z

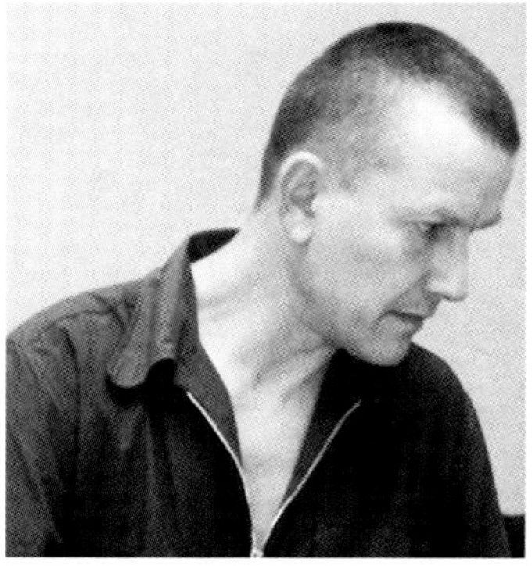

Ap'Art
Philippe Bellanger

- geb. 1953 in Angers (Frankreich)
- Studium an der Kunsthochschule „Beaux-Arts" in Tours
- langjähriger Japanaufenthalt, der seine Arbeitsweise entscheidend prägt
- Dozentenstelle für Kunst in Bezug zum Raum an der Kunsthochschule von Tours
- Zusammenarbeit mit Mario Toran und Jean de Loisy an der Werkstätte für internationale Künstler in Fontevrault
- Teilnahme an der Ausstellung „Meubles – Dix mille ans d'innovation" (Möbel – Zehntausend Jahre Innovation") und zahlreichen anderen Ausstellungen
- Mitbegründer der Design-Agentur Ap'Art
- lebt und arbeitet in Alès en Cevennes, wo er ein interdisziplinäres Zentrum für Kunst und Kultur eingerichtet hat

www.ap-art.fr

Kunst, Natur, Verantwortung
Bellanger und die Agentur Ap'art haben ihre eigene Ethik entwikkelt, Kunst und Natur miteinander in Einklang zu bringen.
In ihren Arbeiten verwischen die Grenzen zwischen Fläche und Raum, Technologie und Emotion, Objekt und Poesie, Kontemplation und Aktion. Sie schaffen einen Raum wo Gegensätze sich treffen und eine Einheit bilden. Besonders wichtig dabei: die Funktion des Objekts, die Wahl des Materials, die Einfachheit der Durchführung und eine überzeugende Ergonomie.

Jan Armgard

- geb. 1947 in Celle
- Lehre als Möbeltischler
- Studium der Innenarchitektur
- Praktika in verschiedenen handwerklichen Berufen
- Experimente mit Graupappe und Papier für die (ökologische) Möbelherstellung
- seit 1974 eigenes Büro für Möbelgestaltung, entwirft für namhafte europäische Möbelproduzenten (u.a. De Sede, Knoll und Leolux)
- Workshops mit Innenarchitektur-Studenten der FH Coburg
- Workshops mit Schülern der Staatlichen Korbfachschule in Lichtenfels
- Professur im Fachbereich Design an der FH Aachen
- zahlreiche Einzelausstellungen und Ausstellungsbeteiligungen im In- und Ausland, Internationale Preise und Auszeichnungen für eine Vielzahl von Produkten •
- lebt und arbeitet in Schondorf am Ammersee

Leitlinie: Ökologie
Aus etwas scheinbar Wertlosem wird mit dem Papiermöbelkonzept von Jan Armgardt etwas Langlebiges. Ein ökologischer Weg: Mit weniger Material, nachhaltiger Gestaltung und intelligenter Konstruktion entstehen Möbel, die leicht, filigran und plastisch ausgebildet sind. Es sind vergängliche Möbel, die mit der Zeit altern dürfen. Man kann sie mit einer neuen Haut erneuern. So können sie zu Begleitern im Alltag werden und eine besondere Beziehung zum Benutzer eingehen.

Shigeru Ban

- geb.1957 in Tokyo
- Studium der Architektur am Southern California Institute of Architecture
- Studium an der Cooper Union School of Architecture
- seit 1985 Architekturbüro „Shigeru Ban Architects", Tokyo
- seit 1995 Berater der United Nations High Commission for Refugees
- Gestaltung und Realisation des Japanischen Pavillons für die Expo 2000 in Hannover
- Assistenzprofessur für Architektur an der Yokohama National University und der Nihon University
- Gastprofessur an der Columbia University und der Keio University
- zahlreiche nationale und internationale Ausstellungen und Ausstellungsbeteiligungen
- Mainichi Design Award 1995
- JIA Best Young Architect 1997
- Berlin Art Award 2000
- World Architecture Award 2001

Leben mit Papier
Der japanische Architekt Shigeru Ban sieht seine Aufgabe als Gestalter darin, sinnvolle Beiträge zum Leben in einer vielschichtigen Gesellschaft zu leisten. Er setzt seine „cardboard architecture" gezielt auch für humanitäre Zwecke ein und konstruiert Notunterkünfte aus Pappröhren für den Einsatz in Katastrophengebieten. International bekannt wurde Shigeru Ban durch die Expo 2000 in Hannover, wo er für sein Heimatland einen spektakulären mehrgeschossigen Pavillon ganz aus Papier baute.

Ingo Bönnemann

- geb. 1973 in Aachen
- Tischlerlehre
- Studium an der FH Aachen, Fachbereich Produktdesign
- Teilnahme am Studienprojekt „Design der Zukunft" unter Prof. Jan Armgardt und Prof. Manfred Wagner
- Planung und Durchführung diverser Ausstellungen und Präsentationen auf nationalen und internationalen Möbel- und Produktmessen
- seit August 2001 als freier Designer tätig
- Teilnahme an verschiedenen nationalen und internationalen Ausstellungen

form + function
Funktion und Funktionalität – auf diese beiden Kriterien kommt es Ingo Bönnemann bei seinen Arbeiten vorrangig an. Variabel sollen sie sein, zweckmäßig und Platz sparend und dabei zeitlos und vielseitig kombinierbar.
Der Werkstoff Papier erlaubt es ihm Objekte zu schaffen, welche die formalen und ästhetischen Eigenschaften des Materials zu einem ganz eigenen Charakter verschmelzen.

Birgit Bomble

- geb. 1973 in Aachen
- Höhere Berufsfachschule für Gestaltung, Schwerpunkt: Objektgestaltung
- Fachhochschule Aachen, Studiengang: Produktdesign/ Interieurdesign
- Teilnahme am Studienprojekt „Design der Zukunft" unter Prof. Jan Armgardt und Prof. Manfred Wagner

Vereinbarung der Gegensätze

Birgit Bomble beschreibt ihr erstes Projekt mit Papier als eine Offenbarung für die Formensprache ihrer Arbeit. Dieser Werkstoff eröffnete ihr völlig neue Möglichkeiten, konträre Elemente zu lebendiger Harmonie verschmelzen zu lassen.

Doll Display Design Ludger Doll

- geb. 1960 in Berlin
- Studium an der HdK Berlin, Fachbereich Industrial Design
- Werkzeugmacher-Lehre
- Mitarbeit bei Stange Design u.a.
- seit 1997 selbständiger Display-Designer
- lebt und arbeitet in Glienicke bei Berlin

www.doll-3d.de

Schnell, lebendig, ökologisch

Durch seine Schnelllebigkeit inspiriert der Werkstoff Karton/Wellpappe fortwährend zu neuen Formen und Konstruktionen. Bei keinem anderen Material kann ein Designer derart schnell ein Ergebnis seiner Gedanken als Modell bzw. Muster in Originalqualität in der Hand halten und die Funktionen überprüfen. Auch die Produktion ist so organisiert, dass es möglich ist, eine Großserie schon wenige Tage nach der Entwicklung fertig auszuliefern. Darüber hinaus ist es ausgesprochen faszinierend, mit einem Naturstoff zu arbeiten, der lebt, atmet, in unzähligen Qualitäten und Oberflächen erhältlich ist, kombinierbar ist, aus nachwachsenden Rohstoffen besteht und außerdem – bei entsprechender Organisation des Kreislaufs – eine gute Ökobilanz aufweist.

Frank Owen Gehry

- geb 1929 in Toronto
- Architekturstudium an der University of Southern California in Los Angeles
- Studium an der Harvard University in Cambridge, Massachusetts, Fachbereich „Urban Planning"
- Mitarbeit bei Victor Gruen, William Pereira, André Rémondet, u.a.
- seit 1962 eigenes Büro für Architektur und Design in Los Angeles
- plant und realisiert u.a. Ausstellungen, Bibliotheken, Museen, Restaurants, Schulen, Theater
- Designentwürfe für Vitra, Knoll
- Architektur-Projekte: Vitra Design Museum, Weil am Rhein; Frederick R. Weisman Art Museum, Minneapolis; Guggenheim Museum, Bilbao
- Lehrauftrag an der Yale University. Lehrauftrag an der Harvard University
- Pritzker Architecture Prize 1989 u.a.m.
- lebt und arbeitet in Santa Monica, L.A.

Einfaches Material, kraftvolle Aussage

Gehry's Möbelentwürfe gehorchen den gleichen Prinzipien wie seine Architekturprojekte: Aus billigen, unscheinbaren Materialien entstehen Objekte mit markantem Charakter und ausgeprägter Dynamik. Karton als klassisches Wegwerfmaterial, das preiswert und einfach zu beschaffen ist, wird so zum Zündstoff und Werkstoff seiner spektakulären Arbeiten.

Marco Giunta

- geb 1966 in Mailand
- Design-Studium am Politecnico di Milano
- Zusammenarbeit mit Zero Disegno, Alessandria
- 1997 Gründung des Designbüros „Disegni" (Arbeitsschwerpunkt: Möbel und Interieurs aus Pappe)
- Lehrassistenz für Industriedesign unter Prof. A. Dell'Acqua Bellavitis am Politecnico di Milano
- Lehrauftrag für Verpackungsdesign an der Nuova Accademia di Belle Arti, Mailand

Pappe aus Passion

Seine Sammelleidenschaft für Schachteln und Verpackungen hat Marco Giunta dazu gebracht, Möbel aus Pappe zu entwerfen. Für ihn lassen sich alle Objekte auf Schachteln reduzieren: Häuser werden zu Wohnschachteln, Autos zu Fahrboxen, Kleider zu Stoffverpackungen. Pappe erlaubt ein sehr projektbezogenes und konstruktives Arbeiten mit einer Vielzahl von Gestaltungsmöglichkeiten. Für Giunta ist Pappe daher der Werkstoff der Zukunft: umweltverträglich, preiswert, widerstandsfähig und flexibel einsetzbar.

WHO'S WHO VON A-Z

idl
Nicola Sacher

- 1995 Gründung der Firma idl Leuchten & Lichttechnik GmbH
- seitdem Entwicklung, Produktion und Vertrieb hochwertiger Leuchten über den gehobenen Fachhandel
- Entwicklung und Konstruktion von Sonderleuchten für Kunden wie Siemens oder Mercedes-Benz
- darüber hinaus Sonderkonstruktionen in Metall, Glas und Holz für den Laden-, Messe und Officebereich sowie Lichtplanung und Beratung
- 1996 Oscar des Syndicat National des Architectes d'Interieur
- diverse lobende Erwähnungen bei Industrie Forum Design Hannover u.a.

www.idl-leuchten.de

Lichtblicke für Anspruchsvolle
idl sieht seine Aufgabe nicht allein darin, formschöne Leuchten in allen erdenklichen Variationen herzustellen. Der deutsche Lichtspezialist nimmt aktiv am Dialog zwischen Architekten, Lichtplanern, Elektroingenieuren und Bauherren teil und trägt so dazu bei, für jedes Projekt und jeden Kunden das richtige Lichtkonzept zu finden. Mit Hilfe von Sonderkonstruktionen und Spezialanfertigungen entstehen maßgeschneiderte Lösungen, die alle gegebenen Parameter in ein optimales Licht umsetzen.

it = Valerie Jomini +
Stanislas Zimmermann

- 1997 Gründung des Möbellabels it seitdem Entwurf, Produktion und Vertrieb von kompakten und flexiblen Möbeln für ein junges, urbanes Publikum
- Eidgenössisches Stipendium für angewandte Kunst 2001, Basel
- Ausstellungen und Ausstellungsbeteiligungen in Kunstmuseen sowie Möbel- und Produktmessen in Berlin, Köln, London, Mailand, Miami, New York, Zürich
- seit 2001 ist das Möbelsystem itbox Bestandteil der Sammlung des Museums für Gestaltung, Zürich

www.it-happens.ch

Möbel für Großstadtnomaden
it präsentiert seine Produkte in einer mobilen transparenten Wohneinheit: Die „Living Unit" ist eine minimale Wohnung mit Bett, Schreibtisch und Regalen. Die Living Unit reflektiert die Philosophie von it Design: Kompakt, leicht und mobil zeigt sie die Vision eines Wohnraumes der Zukunft. Ausgestellt in verschiedenen urbanen Situationen stellt die Living Unit Bezüge zur aktuellen Stadt her.

Matthias Lengner

- geb. 1949 in Restorf
- Studium der Kunst, Philosophie, Psychologie und Pädagogik in Hannover und Berlin
- seit dem Ende der siebziger Jahre freischaffender Künstler
- seit 1997 Produktion und Weiterentwicklung des Lagerregal®
- zahlreiche Ausstellungen in Deutschland, Frankreich, Österreich und den Niederlanden
- aktuelle Arbeiten „Black Box" bei Galerie Michel Rein, Paris, und Galerie Juliane Wellerdiek, Berlin
- lebt und arbeitet in Berlin

Kunst zum Wohnen und Arbeiten
Das Konzept dieser veränderbaren Skulpturen aus Elementen wurde in unterschiedlicher Weise weiterentwickelt. Einerseits entstanden Messestände und Ausstellungen, andererseits wurden Möbel entwickelt, die unter dem Namen „Lagerregal®" in Möbelhäusern verkauft werden. Die aktuelle Arbeit befasst sich mit dem Problem, die Form eines Objekt gleichermaßen aus ihrem profanen, nützlichen Charakter und aus ihrem autonomen, künstlerischen Charakter zu bestimmen.

Clarissa Lessmann

- geb. 1972 in Köln
- Ausbildung zur Bauzeichnerin
- Studium an der FH Aachen, Fachbereich Produktdesign
- seit 2000 freiberufliche Tätigkeit und freie Mitarbeit bei verschiedenen Firmen/Büros
- Innovationspreis für Architektur und Office der Zeitschriften AIT, ABIT und Intelligente Architektur im Oktober 2000 für „FlyAway"

Lust am Objekt
Entwerfen muss Spaß machen, andernfalls entsteht kein gutes Design.
Getreu dieser Überzeugung geht die Designerin Clarissa Lessmann zunächst einmal emotional an ihre Entwürfe heran. Die technische Orientierung steht bei ihr erst an zweiter Stelle. Dadurch entstehen eher sinnliche Möbel, die dennoch technisch funktional sind.

Magis
FOR USE

- 1998 Gründung von FOR USE Entwürfe für Magis, Cappellini, Sica und MDF

Sven Jonke
- geb. 1973 in Bremen
- Designstudium an der Universität Zagreb und der Hochschule für Angewandete Kunst, Wien

Christoph Katzler
- geb. 1968 in Wien
- Abschluss der HLA für Möbeldesign/Pöchlarn
- Designstudium an der Hochschule für Angewandte Kunst in Wien

Nikola Radeljkovic
- geb. 1971 in Sarajevo
- Designstudium an der Akademie der Bildenden Künste in Sarajevo BiH und der Universität in Zagreb

Hohes Niveau, zeitloses Design
Das italienische Unternehmen Magis hält sich ganz bewusst fern von den immer rascher wechselnden Modeströmungen der internationalen Designwelt. Darum haben viele Produkte, die schon vor 20 Jahren entstanden sind, bis heute nicht ihre Aktualität verloren. Magis richtet sein Hauptaugenmerk auf vernachlässigte Design-Objekte, und so entstanden:
die Trittleiter „Step", das Bügelbrett „Amleto", der Einkaufswagen „Garçon", die Fußmatte „Piccolo Giardino", das Flaschenregal „Bottle" und andere mehr.
Auch der Magis-Partner FOR USE verfolgt mit seiner Gestaltungslinie konsequent diesen Weg.

Mobach
Bart van den Hoogen

- 1988 Gründung der Design- und Werbeagentur Mobach
- Spezialisierung auf Corporate Identity, Verpackungen und Gebrauchsobjekten
- erster Preis beim Designwettbewerb des niederländischen Architektenbundes BNA.

Funktioneller Purismus
Die Design-Unit von Mobach entwirft und produziert unter eigener Verwaltung Produkte wie beispielsweise Faltschalen und Faltvasen. Ausgangspunkte bei der Gestaltung sind:
1. minimaler Materialeinsatz mit wenig Abfall bei der Produktion,
2. wenig oder gar keine Zusätze
3. Falten von der glatten Fläche hin zu einem räumlichen Objekt.

Nucleo

- 1997 Agenturgründung in Mailand
- neben dem Entwurf von Möbeln und Gebrauchsartikeln konzeptionell-künstlerische Arbeiten mit philosophischem Anspruch
- spektakulärstes Projekt: Nucleo ice – temporary objects for momentary desires (Vergängliche Objekte aus Eis)

www.nucleo.to

Ansteckendes Miteinander
Ironie, neue Materialien, Kulturmix, Technologietransfer – all diese Konzepte machen Nucleo's „infizierte" Philosophie aus. In der italienischen Design-Agentur treffen Gestalter aus unterschiedlichsten Bereichen und Kulturen aufeinander. Der rege Austausch zwischen den unterschiedlichen Temperamenten schafft eine Atmosphäre, in der ständig etwas Neues, Unerwartetes entsteht.
In all dem kreativen Chaos verfolgt Nucleo aber immer ein klares Ziel: besseres Design für alle.

WHO'S WHO VON A-Z

**Papierwerkstatt
Anna Hössle**

- geb. 1957 in München
- Buchbinderlehre in Ried i. J., Österreich
- seit 1979 eigenes Atelier in
- Düsseldorf, München, Wolfratshausen
- 2000 Ladeneröffnung „Papierwerkstatt" in München

Transparenz zum Leuchten
Anna Hössel interessiert sich bei ihren Arbeiten speziell für die unterschiedliche Durchsichtigkeit oder Durchlässigkeit und Färbung der diversen Materialien. Für ihre Leuchtkörper, die sie so leicht und schwebend wie nur möglich gestaltet, verwendet sie darum hauptsächlich Japanpapier, das eine besonders weiche und milde Ausstrahlung hat. Oft wird das Material vor der Fertigstellung der Lampe durch Einfärben, Einschneiden, Schlitzen oder Übereinanderkleben individuell bearbeitet, um unterschiedliche Lichteffekte zu erzielen.

**Papierwerkstatt
Karin Traxler**

- geb. 1958 in München
- Architekturstudium in München
- seit 1985 in der Papierwerkstatt „bis jetzt da kleben geblieben..."
- verschiedene Ausstellungen, vor allem in der eigenen Werkstatt in der Theresienstrasse in München

Gestaltendes Arbeiten
Karin Traxler unterscheidet bei ihrer Produktkonzeption deutlich zwischen Design und Kunsthandwerk. Nur einige wenige ihrer handgefertigten Objekte sieht sie als echte Designarbeiten an. Die meisten Teile aus ihrem Sortiment sind als Einzelstücke oder Kleinserien gefertigt, die mit industrieller Produktion nichts zu tun haben.

Inga Reichert

- geb. 1965 in Nürnberg
- Ausbildung als Fotografin
- Studium der Architektur an der Georg-Simon-Ohm Fachhochschule, Nürnberg
- seit 1997 selbständige Architektin in Nürnberg
- seit 1998 Möbel und Objekte aus Pappe

Antworten aus Pappe
Inga Reicherts Anspruch als Gestalterin ist es, Räume logisch und puristisch auszuarbeiten. Darum begann sie, Möbel und Objekte zu entwerfen, die es in der gewünschten Form oder für ein konkret geplantes Ambiente noch nicht gab. Das stabile Material Pappe lässt sämtliche Formen zu und ermöglicht so die Herstellung von Möbeln und Objekten, die auch sehr speziellen Ansprüchen gerecht werden. Die Lösungen sind immer individuell und maßgeschneidert – nicht zu jedem Bild passt der gleiche Rahmen, nicht jeder Mensch möchte auf die gleiche Art und Weise ruhen.

Caroline Rügge

- geb. 1960 in Hamburg
- Goldschmiedelehre in Hamburg und Sylt
- Studium der Metallgestaltung in Hildesheim
- seit 1995 befasst sie sicht mit der Glastechnik Pâte de verre
- seit 1988 freisch. Künstlerin u.a. im Galeriebetrieb
- 1996 Eröffnung der eigenen Galerie Werkstatt für freie und angewandte Kunst in Lübeck
- Workshops für Goldschmiede an der VHS Hamburg
- Mitglied AdK Hamburg, Schleswig-Holstein, Gedok Schleswig-Holstein
- Stipendien des Landes Schleswig-Holstein und der Landesbank Kiel (Silberschmiedeworkshop, Salzau
- zahlreiche nationale und internationale Ausstellungen

Harmonie in der Vielfalt
Bereits während ihrer Ausbildung interessierte sich Caroline Rügge nicht nur für Metalle, sondern auch für Materialien wie Holz, Stein, Glas und Papier. Viele ihrer Stücke überzeugen durch schlüssige, ungewöhnliche Materialkombinationen. Caroline Rügges Arbeitsbereiche sind breit gefächert. Leuchter, Kannen, Schalen und Serviettenringe entstehen ebenso wie Schmuck und freie Arbeiten. Disziplinierte Heiterkeit zeichnet die Objekte in Caroline Rügges Werkstatt aus, die vom anregenden Miteinander diverser Gattungen und ästhetischer Positionen, zu dem zahlreiche Gastkünstler des Ateliers beitragen, profitiert.

Fred Schäff

- geb.1965 in Unter-Wurmbach, Mittelfranken
- Schreinerlehre
- Studium an der FH Coburg, Fachbereich Innenarchitektur
- seit 1994 Schäff + Starkl Büro für Innenarchitektur
- Arbeitsschwerpunkte: Ausstellungen/Messen, klassische Innenarchitektur
- Projekte u.a. für das Designzentrum Stuttgart

Bionik für Möbel

Minimaler Materialaufwand, maximale Effizienz des Ergebnisses. Mit dieser Vorgabe arbeitet nicht nur der Ultraleichtbau in der Flugzeugindustrie. Auch die Papiermöbel von Fred Schäff sparen an Mitteln, wo sie nur können. Die Bausteine seiner Leichtgewicht-Möbel entstehen nach Vorbildern aus der Natur. Wie Blütenstengel, deren Kammeraufbau ökonomisch und stabil zugleich ist, sind die Beine seiner Arbeiten konstruiert; wie eine Membran überzieht die Oberfläche das Gerüst. Das Material, das der „Design-Ingenieur" verwendet, unterstreicht seinen Respekt vor der Natur noch zusätzlich: Gezielt setzt er Papier statt Kunststoff ein, weil dies für ihn der ökologisch sinnvollere Weg ist.

Esparto Design Martin Schulz

- geb. 1955 in Andernach
- Studium der Musik, Musikwissenschaft, Kunstgeschichte und Komposition
- seit 1986 Professor an der Folkwangschule Essen

Quereinsteiger

Die Herausforderung aus Wellpappe individuelle und trotzdem preisgünstige Möbel zu kreieren, veranlasste den Musikwissenschaftler Martin Schulz, sich auf das Gebiet der bildenden Kunst vorzuwagen und sich als Gestalter von skulpturalen Möbeln zu betätigen. Mit einem Partner, der den Vertrieb übernahm, gründete er Esparto Design. Gemeinsam legten sie eine Pappmöbelkollektion in Serie auf, die sie vor einigen Jahren auf der Möbelmesse in Köln präsentierten. Heute verkaufen sie diese noch immer erfolgreich, obwohl sich Martin Schulz inzwischen längst wieder der Musik widmet.

Wolfgang Siegel

- geb. 1951
- Tischlerlehre
- Studium an der Hochschule der Künste, Berlin
- Arbeit in diversen eigenen Werkstätten
- seit 1986 „Atelier Siegel" in München

Zweckmäßig – mit Vergnügen!

Wolfgang Siegels Anliegen ist es, Dinge zu entwerfen, die nützlich sind, die helfen, die Freude machen. Und das in jeder Hinsicht. Bei der Entwicklung der Gegenstände hält er sich an verschiedene Leitsätze, die nur auf den ersten Blick in verschiedene Richtungen weisen: „Schönheit und Luxus sind was Wunderbares."
„Je einfacher, um so nützlicher."
„Ökologisch ist besser."
Nach Auffassung des Designers ist es ein weit verbreiteter Irrtum, dass z.B. ein Ornament, welches ja nie die „einfachste Lösung" ist, nicht nützlich sein kann, und dass ein luxuriöser Gegenstand per se der Umwelt schadet.

Stange Design Hans-Peter Stange

- geb. 1949 in Nusse bei Lübeck
- Studium der Kunstgeschichte an der Freien Universität Berlin
- Studium an der HdK-Berlin, Fachrichtung: Industrial Design
- 1979 Entwurf und Realisation des „Hockers" im Rahmen eines Studien-Projektes
- seit 1984 freiberuflicher Designer
- 1987 Gründung von Stange Design
- seit 1989 Produktion und Vertrieb der eigenen Produkte

Mit simplen Mitteln Dinge verändern

Bleistift, Messer, Falzbein – Werkzeuge für ein „billiges", einfach verfügbares und sehr zügig zu verarbeitendes Material: Wellpappe. Mit diesen Mittel lässt sich hervorragend experimentieren und improvisieren, aber auch in kürzester Zeit entwerfen und zugleich realisieren.
Für Hans-Peter Stange ist Veränderung das Ziel:
Die Dinge haben nicht die Aufgabe, hundert Jahre zu überdauern. Sie regen Wechsel an, sie provozieren, sie stimulieren Veränderung.

WHO'S WHO VON A-Z

Catharina Stosch

- geb. 1975 in Erfurt
- Studium an der FH Aachen, Fachbereich Produktdesign/ Interior Design
- Teilnahme am Studienprojekt „Design der Zukunft" unter Prof. Jan Armgardt und Prof. Manfred Wagner
- Weiterbildung zur Screendesignerin an der Medienakadmie Stuttgart

Freiheit für neue Ideen
Die Materialien Papier und Pappe erlauben es, aufgeschlossen in den Überlegungen und frei im Entwurf zu bleiben. So eröffnen sich völlig neue Welten und Formmöglichkeiten beim Experimentieren und Arbeiten. Das Ergebnis sind einzigartige Objekte, die sehr unterschiedlich und extrem spannend sind.

Teppich-Art-Team
Peter Birsfelder

- Webmeister in der Strafanstalt Thorberg
- 1998 Beginn der Zusammenarbeit mit Hugo Zumbühl
- 1999 Firmengründung
- im Teppich-Art-Team zuständig für die handwerkliche Produktion
- zahlreiche Ausstellungen im In- und Ausland
- Preisträger Textil „design preis schweiz"
- Auszeichnung Artefakt Bern
- Preisträger „form forum schweiz"
- lebt in Uettendorf BE/ Schweiz

Teppiche hinter Gittern
Transparenz in der Produktion, aber auch soziales und kulturelles Engagement haben einen großen Stellenwert bei Teppich-Art-Team. Die exklusiven Materialien werden zu fairen Preisen von kleinen Handwerksbetrieben hergestellt. Die Fertigung der Teppiche erfolgt durch Werkstätten in schweizerischen Sozialinstitutionen.

Teppich-Art-Team
Hugo Zumbühl

- Ausbildung als Textilgestalter
- Seminarlehrer für gestalterische Fächer und Weben
- 1998 Beginn der Zusammenarbeit mit Peter Birsfelder
- 1999 Firmengründung
- im Teppich-Art-Team zuständig für die gestalterischen und geschäftlichen Belange
- Preisträger Textil „design preis schweiz"
- Auszeichnung Artefakt Bern
- Preisträger „form forum schweiz"
- lebt in Felsberg GR/ Schweiz

Produkte von Schönheit und Wert
Materialien mit einer eigenen, subtilen Ästhetik, künstlerische Ausgewogenheit und handwerkliche Perfektion zeichnen die hochwertigen Stücke aus der Werkstatt des Teppich-Art-Teams aus. So entstehen zeitlose Objekte, die mit Alt und Neu gleichermaßen harmonieren.

Wedhorn Design
Daniela und Jürgen Wedhorn

- seit 1986 freiberufliche Tätigkeit in den Bereichen Design, Innenarchitektur, Konzeptberatung für Innenarchitektur und Farbgestaltung, exklusive Wandmalereien
- zahlreiche Projekte für Privatkunden und Unternehmen auf der ganzen Welt
- seit 1999 Arbeit an dem Projekt „Möbel und Accessoires aus hochwertigen Papieren für den gehobenen Markt"

Europäisches Minimal-Design
Wedhorn Design entwirft und produziert Möbel und Accessoires aus Papier, Pappe, Papiermaché und Zellulosemassen. Aus diesen Materialien entsteht hochwertiges, zeitgenössisches europäisches Design, dessen Charakter man als warmen, sinnlichen Minimalismus beschreiben könnte. Für Daniela und Jürgen Wedhorn hat Papier eine bisher kaum erkannte Variationsbreite. Es ist warm und angenehm bei Berührung, bekommt eine schöne Patina, kann alle Farben und Formen annehmen und dabei dennoch seinen ureigenen Charakter bewahren.

Angela Wiegand

- geb 1948
- Studium an der Gesamthochschule Kassel, Schwerpunkt Möbel- und Ausstellungs-Design
- Aufbaustudium an der Cranbrook Academy of Art, Bloomfield Hills, Michigan, USA
- seit 1983 freischaffend als Möbel- und Ausstellungs-Designerin Kooperation mit Johannes Fichter
- Mitarbeit am Institut für angewandte Psychologie Universität Braunschweig: Design unter wahrnehmungspsychologischen Gesichtspunkten
- lebt und arbeitet in München

Unkompliziert gestaltbar

Der besondere Reiz der Papiermöbel von Angela Wiegand liegt in ihrer Schlichtheit. Zweckmäßig, geradlinig und problemlos finden sie überall dort ihren Platz, wo man einen Raum mit ein paar Handgriffen mit zusätzlichen Möbeln bestücken will. Anregungen, wie man diese mit einer persönlichen Note versehen und für den dauerhaften Gebrauch aufrüsten kann, liefert die Designerin mit den zahlreichen Gestaltungsvarianten ihrer Basismodelle, die in Kleinserien produziert erhältlich sind.

Johannes Fichter

- geb 1965 in München
- Lehre als Möbelschreiner
- Meisterschule für Schreiner in München
- seit 1993 gestalterische Arbeit im Möbelbereich
- Kooperation mit Angela Wiegand
- Teilnahme an verschiedenen Ausstellungen und Messepräsentationen in Design- und Kunsthandwerk
- Würdigung im Gestaltungswettbewerb Salix viminalis des Innovationszentrums des Deutschen Flechthandwerks in Lichtenfels

Mobilität, Flexibilität und Leichtbau

Johannes Fichters Objekte entwickeln sich fast immer in einem experimentellen Prozess. Die Grundlagen der Gestaltung werden durch Versuche, Skizzen und Modelle in der Werkstatt erarbeitet;
die Dimensionen und Proportionen klären sich im Wechselspiel der konstruktiven Notwendigkeiten mit Form und Gestalt. Für diese Art des Arbeitens ist Papier der ideale Werkstoff, aus dem Schritt für Schritt das fertige Produkt entsteht.

Woodnotes

- 1987 Gründung von Woodnotes
- Teilnahme an zahlreichen nationalen und internationalen Ausstellungen und Messen
- 1987 lobende Erwähnung in der Ausstellung Finn Form 87
- 1988 Oscar für Papiertextilien auf der Paritex, Paris
- 1996 Ornamo Award der Finnish Association of Designers für ihre Gesamtkollektion von Produkten aus gesponnenem Papiergarn

Natürliche Ästhetik

Künstlerische Inspiration, technologisches Know-how und Talent für internationales Marketing machen den Erfolg der Designschmiede Woodnotes aus. Ihre hochwertigen Produkte aus gedrehtem Papiergarn sind nicht nur besonders schön, sondern auch sehr umweltverträglich. Diese Vorzüge verdanken sie einer langen finnischen Tradition von Naturverbundenheit und handwerklichem Können, der sich das qualitätsbewusste Unternehmen besonders verbunden fühlt.

BEZUGSQUELLEN

Seite 18-19
Hängelampe „Rolle"
idl GmbH
Auerfeldstr. 22
D-81541 München
Tel.: 089 - 48 950 310
Fax: 089 - 48 950 311

Seite 20-21
Stehlampe „Roder"
Seite 22-23
„Orgel" und „Skyar"
Die Lampen sind in allen
IKEA Häusern erhältlich.
www.IKEA.de

Seite 24-25
„Trans-Paravent"
Teppich Art Team
Paravent´s
sato-Schlaf-Räume
Ausstellungsstrasse 39
CH-8005 Zürich
Tel.: 0041 - 1 - 27 23 015

Seite 27
Schrank „Cocoon"
Wolfgang Siegel
Oberföhringerstr. 156
D-81925 München
Tel.: 089 - 95 62 30

Seite 28-29
Rollos
Woodnotes OY
Mobilia Collection
Einrichtungsbedarf GmbH
Postfach 7
D-90557 Burgthann
Tel.: 09183 - 95 00 80
Fax: 09183 - 95 00 81

Seite 30-31
Lampenmaterial:
Schörger´s Papierkiste
Steinheilstr. 5
80333 München
Tel.: 089 - 52 32 159
Fax: 089 - 52 32 486
in Nürnberg:
Innere Laufer Gasse 18, 90403 Nürnberg
Tel.: 0911 - 24 67 5
Fax: 0911 - 20 45 61
in Rosenheim:
Gillitzerstr. 1, 83022 Rosenheim
Tel.: 08031 - 21 55 00
Fax: 08031 - 31 39 4
in Freising:
Obere Hauptstr. 52, 85354 Freising
Tel.: 08161 - 44 936
Fax: 08161 - 44 947
in Coburg:
Eisenacherstr. 19, 6450 Coburg
Tel.: 09561 - 42 01 01
Fax: 09561 - 42 01 01

Seite 34-35
Stuhl
Seite 36-37
Weinregal
Doll Design
Ludger Doll
Hattwichstrt. 84
D-16548 Glienicke
Tel.: 033056 - 24 515

Seite 38-39
it-Bett
it Design
Lyssachstr. 112
ch-3400 Burgdorf
Tel.: 0041 - 34 42 28 896
Fax: 0041 - 34 42 30 617
email: mail@it-happens.ch
www.it-happens.ch

Seite 40-41
Bett
Seite 42-43
Hocker
Stange Design GmbH
Ringbahnstr. 16-20
D-12059 Berlin
Tel.: 030 - 75 20 260
Fax: 030 - 75 20 920
www.stange-design.de

Seite 44-45
Bank, Couchtisch,
hoher Stehtisch
Angela Wiegand
Simmerstr. 5
D-80802 München
Tel.: 089 - 36 17 606
Johannes Fichter
Adlzreiterstr. 21
D-80337 München
Tel.: 089 - 72 13 218

Seite 46-47
Stehsammelbox
Regal
Seite 48-49
Stuhl
Marco Giunta
Via Gautenzio Ferrari 5
I-20123 Milano
Tel.+Fax: 0039 - 02 - 58 11 44 12
email: disegni@disegni.com
www.disegni.com

Seite 50-51
Regal „Juggle"
Magis spa
Designergruppe: "FOR USE"
Via Magnadola 15
I-31045 Motta Di Livenza
Tel.: 0039 - 0422 - 76 87 42/3
Fax: 0039 - 0422 - 76 63 95
email: info@magisdesign.com
www.magisdesign.com

Seite 52-53
„Arbeitsblock"
„Stecksystem"
Matthias Lengner
Crellestr. 15
D-10827 Berlin
Tel.: 030 - 857 288 51

Seite 54-55
Zeitungsständer
Fachhandel in Ihrer
Umgebung oder
Verpackungskartons

Seite 60-61
Blumentöpfchen,
Papierblumen
Papierwerkstatt
Anna Hössle und Karin Traxler
Kirchenstr. 5
D-81675 München
Tel.: 089 - 470 279 23
www.papierwerkstatt.com

Zusätzlich bietet die Papierwerkstatt
auch Teppiche (aus Papier),
Accessoires, Leuchten und Möbel an.

Seite 62-63
Faltvasen
Mobach Groothandel
zu kaufen bei:
Art! Now
Schneckenhofstr. 7
D-60596 Frankfurt am Main
Tel.: 069 - 61 78 84
Mobilia
Neues Museum
Luitpoldstr. 5
D-90402 Nürnberg
Tel.: 0911 - 23 48 808
email: info@mobilia-collection.de

Seite 64-65
geflochtene
Papierschale
Magazin GmbH
Lautenschlagerstr. 16
70173 Stuttgart
Tel.: 0711 - 22 870-0
Fax: 0711 - 22 870-33

Seite 66-67
Papierkorb
Marco Giunta
Adresse siehe Seite 121

Seite 68-69
Platzsets, Schalen
Wedhorn Design
Paalende 21
D-22149 Hamburg
Handy: 0172 - 45 44 339
Fax: 040 - 406 739 118

Seite 82-83
Liege „Kerma"
Seite 82-83
Sessel „Kolumbus"
Sofa „Schredder"
Martin Schulz
Ansprechpartner:
Herr Ingo Albrecht
Taunusstr. 12
53346 Eltville-Erbach
Tel.: 06123 - 61 753

Seite 84-85
Stuhl „Xoto"
Martin Schulz
Hostweg 3
14059 Berlin
Tel.: 030 - 32 21 701

Seite 86-87
Gartensessel „Terra"
Nur 4 - Dinge für's Leben
Turmgasse 3
D-63225 Langen
Tel.: 0172 - 67 04 494
Fax: 06103 - 74 471
email: info@nur4.de
www. nur4.de

Seite 88-89
Sessel „Papote"
Agence Ap' Art
Philippe Bellanger
6 rue Enclos Blaise
30140 Anduze / France
Tel.: 0033 - 466 607 825
Fax: 0033 - 466 607 568
email: contact@ap-art.fr
www.ap-art.fr

Seite 90-91
Stuhl, Liege,
Paravant
cappellini s.p.a.
Designer Shigeru Ban
Via Markoni 35
I-22060 Arosio-Co
Tel.: 0039 - 031 - 759 111
Fax: 0039 - 031 - 763 333
email: cappellini@cappellini.it
www.cappellini.it

Seite 94-95
Stuhl „Schwanensee"
Jan Armgardt
Möbelgestaltung + Konzeption
Sonnenleite 14
D-86938 Schondorf a.A.
Tel.: 08192 - 99 80 17
Fax: 08192 - 99 80 16

Seite 96-97
„Hit - Hocker im Tisch"
Ingo Boennemann
An den Finkenweiden 4
D-52074 Aachen
Tel.: 0241 - 87 34 01
email: ingo_boennemann@hotmail.com

Seite 99
Stuhl „Ch-air"
Birgit Bomble
Boxgraben 120
D-52064 Aachen
Tel.: 0241 - 40 12 498
email: birgitbo@gmx.net

Seite 100
Stuhl „Versuchung"
Clarissa D. Lessmann
Krautmühlenweg 8
D-52066 Aachen
Tel.: 0241 - 920 458 90

Seite 101
Stuhl „Greyhound"
Catharina Stosch
Karlstr. 34
D-71638 Ludwigsburg
Tel.: 07141 - 90 44 61
email: catharina.stosch@web.de

Seite 102-103
Tisch
Seite 104-105
Schrank
Seite 106-107
Stühle
Wedhorn Design
Adresse siehe Seite 122

Seite 108-109
„Chaiselounge"
Inga Reichert
Lohengrinstr. 4
D-90461 Nürnberg
Tel.: 0911 - 46 88 22
email: reichert-reichert@t-online.de

Seite 110-111
Hocker
Bausatz zu bestellen bei:
Fred Schäff
Hahnweg 61
D-96450 Coburg
Tel.: 09561 - 53 970
Fax: 09561 - 53 921
www.schaeffsache.de

Ohne Abbildung:
Quart de Poil´
27, rue de Biévre
75005 Paris
Tel.: 0033 - 1 - 432 958 32
Fax: 0033 - 1 - 432 995 37

Bietet Tische, Regale, Stühle,
Sessel, u.v.m. aus Papier an.

DANK

Zuerst möchte ich mich bei all den Designern und Möbelproduzenten bedanken, die mir vertrauensvoll ihre Papier- und Pappobjekte für die Fotoaufnahmen zur Verfügung gestellt haben, ebenso bei Barbara Meder, die mich über die Redaktionsarbeit hinaus auch bei der Recherchearbeit unterstützt hat, und bei Daniela Zibi, Christiane Rimek, Bernard Reichel und dem Team des Mosaikverlags, ohne die „Papermade" kaum Realität geworden wäre.

Ich bedanke mich auch bei
Pulsar Naturprodukte GmbH, Dreieich,
die für die schönen Material Close-Ups
ihr hochwertiges Papier gestellt haben,
bei Rolf Fehlbaum für die Erlaubnis,
„Little Beaver" im VITRA Design Museum
zu fotografieren und Andreas Nutz, der uns
dabei tatkräftig unterstützte.
Bei der Mobilia Collection Einrichtungsbedarf GmbH
aus Burgthann bedanke ich mich für die Leihgaben
aus der Woodnotes-Kollektion.

Für den reibungslosen Ablauf bei den Fotoaufnahmen geht ein herzliches Dankeschön an Uwe Mühlhäuser für seine Hilfe bei der Organisation und seine unermüdliche Assistenz.

Besonderer Dank geht auch an diejenigen, die uns ihre Räumlichkeiten für die Fotoaufnahmen überlassen haben:
Frank und Clarissa Beier, Charlotte Forster,
Reinhard + Magda Koeffeler, Barbara Schieder,
Ralf Siegemund + Madeleine Dumbeck,
Lofts & Factory (Letra Gebäude),
Zumikon A.C.,
Brigitte Peikert, Fam. Brandl,
und Fam. Guggenberger

REGISTER

Bildnachweis

Seite 10:
Landschaftsverband Rheinland (Hg.);
„Papierzeit"; Klartext Verlag Essen 1997;
ISBN 3-88474-627-8

Seite 12:
Lusty Lloyd Loom;
Original Produktions GmbH; Landsberg

Seite 13
r.o.: Marion Digel, Nürnberg

Seite 47:
Bild r.o.: Marco Giunta, Fa. Disegni

Seite 86 und 87:
Bilder wurden von Fa. Nucleo gestellt

Seite 88 und 89:
Bilder wurden von Agence Ap Árt gestellt

Seite 90 und 91:
Bilder wurden von Fa. Cappellini gestellt

Seite 115:
Portrait von Frank O. Gehry
wurde vom VITRA Design Museum gestellt

Alle anderen Fotos einschließlich
Umschlagfoto: Biggi Sauer
(Fotostudio Friends & Pflaumer), Nürnberg

Copyright / Impressum

Projektleitung: Hanna Forster
Redaktion: Barbara Meder, Wiesbaden
Produktion, Gestaltung
und Satz: Design Marion Digel, Nürnberg
Herstellung: Ortrud Müller
Umschlaggestaltung: Heinz Kraxenberger, München
Reproduktionen: Artilitho, Trento
Druck und Bindung: Mohn Media GmbH, Gütersloh

ISBN 3-576-11580-3

Printed in Germany